눈물로 쓴 기도는
땅에 떨어지지 않는다

박옥배 엮음

목 차

'기도만이 살 길이다'

가정예배가 느슨해질 때마다 내가 가족에게 습관처럼 내뱉는 말이다. 그러나 실제 기도 외에 해결할 다른 방도가 없다는 것을 경험한 자로서 나의 진솔한 고백이기도 하다.

기도는 고상하고 품격 있는 말이 아니라 무릎 꿇는 몸과 마음이다. 그런 의미에서 〈기도수첩〉에 담긴 기도문은 문맥이 표준어법에 어긋나거나 다소 거칠다. 기도는 이렇게 해야 하는 것이 원칙이라거나 매우 풍부하고 정갈한 말로 쓴 표준 기도문 혹은 기도의 정석이라고 주장하지 않는다. 다만 개인적인 기도의 범위를 넘어 가족과 이웃, 나라와 민족, 교회와 선교를 위해 기도하는 마음을 담아 주제별로 엮은 것일 뿐이다. 물론 개인적인 기도제목이든 중보하는 기도제목이든 아무리 미사여구를 동원한 기도라고 할지라도 기도하는 사람이 자신의 죄를 회개하지 않고는 그 기도는 하늘에 닿지 못할 것이다. 그래서 회개 없는 기도는 교만한 바리새인을 만든다고 하지 않은가. '교만과 회개, 용서'

의 기도가 많이 실린 이유이기도 하다. 기도란 영혼의 호흡이요, 하나님과의 대화이며, 하나님의 뜻을 구하는 것이라는 관점에서는 이 책이 한계를 지닐 수밖에 없다.

〈기도수첩〉은 방송에서 건진 기도문집이다. 1996년과 1997년, 2003년과 2004년 사이에 광주CBS 라디오 '기도가 있는 묵상' 프로그램에 출연하신 목회자들의 기도내용을 다시 기도문 형식으로 분류하고 다듬어 주제별로 엮은 것이다. 2019년의 언어로 다듬다 보니 당시에는 쓰이지 않던 '스마트폰'이나 '갑질문화'와 같은 새로 생긴 단어가 자연스레 쓰이게 되었다. 기도문집을 내기로 했던 출연 목회자들과의 약속을 23년 혹은 16년여 만에 지켰다. 세월이 흘러 이미 고인이 되어 하늘나라에 입성하신 몇 분을 포함하여 방송출연하신 쉰일곱 분의 목회자 여러분께 감사한 마음을 〈기도수첩〉에 담아 드린다.

2019년 여름

엮은이 박 옥 배

성령

이웃

사랑

생명

헌신

용기

믿음

001 성령 임재를 구하는 기도

제 안에 성령으로 임재하시는 주여, 이 시대에 저의 영성이 회복되기를 원하여 기도합니다. 저를 구원하시기 위하여 독생자를 내어 주시고, 주의 피로 사신 교회를 세우셔서 믿는 자를 날마다 더하게 하시는 은혜를 생각하니 더욱 감사합니다.

주여, 마지막 때를 향하여 '인자가 올 때에 세상에서 믿음을 보겠느냐'고 탄식하신 주의 말씀이 이 시대에도 들려올까 두렵습니다. 주의 사랑을 실천하고, 거룩한 삶으로 본을 보여 십자가의 복음을 증거해야 할 제가 정작 주가 원하신 것을 잊어버리고 세상에 동화되어 살아가고 있는지 돌아봅니다.

주여, 세상 풍조가 변한다 할지라도 제가 그리스도의 사람으로서 그리스도의 심장을 가지고 살아가게 하소서. 한 톨의 소금으로, 한 줄기 빛으로 살게 하소서. 신앙의 선진들이 아름다운 발자취를 남겼듯이 저도 주의 사랑을 실천하며, 복음을 위해 일생을 바쳐 후진들이 따르기에 부끄럽지 않은 발자취를 남기게 하소서. 말세에 성령을 물 붓듯이 부어주시기로 약속하신 주여, 제가 성령의 사람이 되어 이 일들을 이루게 하소서.

주 예수 그리스도의 이름으로 기도합니다. 아멘

오순절 날이 이미 이르매 그들이 다같이 한 곳에 모였더니 홀연히 하늘로부터 급하고 강한 바람 같은 소리가 있어 그들이 앉은 온 집에 가득하며 마치 불의 혀처럼 갈라지는 것들이 그들에게 보여 각 사람 위에 하나씩 임하여 있더니 그들이 다 성령의 충만함을 받고 성령이 말하게 하심을 따라 다른 언어들로 말하기를 시작하니라 (사도행전 2장 1절–4절)

002 이웃을 사랑하기 위한 기도

주여, 죄인인 저를 생명과 은혜와 진리로 자유하게 해주시니 감사합니다. 제가 주의 크신 사랑을 받아 누리는 것에 머무르지 않게 하시고, 이웃에게 사랑을 나누는 자가 되게 하소서. 먼저 마음의 높은 벽들을 허물어 모든 사람에 대하여 열린 마음을 갖게 하소서. 가난한 자를 부지중에 멸시하거나 냉대하지 않게 하시고, 마음에 상처입고 육신에 병 든 자를 긍휼히 여기는 마음을 주소서. 가장 가까이 있는 가족과 직장 동료들, 늘 스치는 이웃들에게 따뜻한 인사와 다정스러운 안부를 건네게 하소서. 소외되고 그늘진 곳에서 남모르게 눈물을 흘리는 사람들에게 저의 눈이 멈추게 하시고, 작은 행함을 나타내게 하소서.

사랑의 근원이신 주여, 운전대를 잡고 복잡한 거리를 달리는 운전자들을 지켜 주시고, 각자의 일터에서 땀 흘려 일하는 노동자들에게 사랑과 은혜를 베푸소서. 풍성한 수확을 기뻐하면서도 한편으로는 깊은 시름에 잠기는 농민들을 위로하시고, 나라를 이끌어가는 위정자들에게 지혜와 정직한 마음을 주셔서 평화롭고 풍요한 나라를 만들기 위해 최선을 다하게 하소서.

예수님의 이름으로 기도합니다. 아멘

예수께서 이르시되 네 마음을 다하고 목숨을 다하고 뜻을 다하여 주 너의 하나
님을 사랑하라 하셨으니 이것이 크고 첫째 되는 계명이요 둘째도 그와 같으니
네 이웃을 네 자신 같이 사랑하라 하셨으니 이 두 계명이 온 율법과 선지자의
강령이니라 (마태복음 22장 37절–40절)

003 생명을 소중히 여기는 마음을 구하는 기도

생명의 주인이신 주여, 생명의 귀중함을 잃어버린 채 여러 가지 갈등으로 생명을 멸시하는 사람들을 긍휼히 여기소서. 저들에게 새 생명과 소망의 삶을 살아갈 수 있도록 용기를 더해 주소서. 모든 생명은 하나님이 주신 것임을 깨달아 알게 하시고, 주께서 허락하신 생명을 귀중히 여기게 도우소서.

평강의 주여, 우리 가정과 사회에 평강을 주시고, 우리 민족에게 진실한 마음과 생명을 소중히 여기는 마음을 주소서. 한 영혼이 천하보다 귀한 것이니 우리의 이웃들도 생명을 사랑하며 살게 하소서.

예수님의 이름으로 기도합니다. 아멘

무리와 제자들을 불러 이르시되 아무든지 나를 따라오려거든 자기를 부인하고 자기 십자가를 지고 나를 따를 것이니라 누구든지 자기 목숨을 구원하고자 하면 잃을 것이요 누구든지 나와 복음을 위하여 자기 목숨을 잃으면 구원하리라 사람이 만일 온 천하를 얻고도 자기 목숨을 잃으면 무엇이 유익하리요 사람이 무엇을 주고 자기 목숨과 바꾸겠느냐 (마가복음 8장 34절-37절)

004 자연만물을 사랑하기 위한 기도(1)

하늘과 땅, 그 가운데 만물을 창조하신 주여, 만물을 다스려 생육하고 번성케 하는 복을 누리게 하시니 감사합니다. 자연 속에서 의식주를 얻게 하시고, 무한량한 공기와 햇빛, 하늘의 별과 달, 춘하추동의 규칙적인 변화를 주셔서 제가 살아가도록 하시니 감사합니다.

주여, 그러나 이 맑고 밝은 햇빛을 받기에는 저의 육신이 너무 냄새납니다. 이 많은 신선한 공기를 마시기에는 저의 마음이 너무 더럽혀졌습니다. 이 아름다운 자연을 쳐다보기에는 저의 눈이 너무 어두워졌고, 탐욕과 음탕한 것으로 가득 차 흐려졌습니다. 너무 교만해진 결과입니다. 주여, 저를 용서해 주소서. 우주만물의 영장으로서 자연에 부끄럽지 않은 착함과 의로움, 진실한 마음을 주소서.

예수 그리스도의 이름으로 기도합니다. 아멘

———— ◆ ————

주의 손가락으로 만드신 주의 하늘과 주께서 베풀어 두신 달과 별들을 내가 보오니 사람이 무엇이기에 주께서 그를 생각하시며 인자가 무엇이기에 주께서 그를 돌보시나이까 그를 하나님보다 조금 못하게 하시고 영화와 존귀로 관을 씌우셨나이다 주의 손으로 만드신 것을 다스리게 하시고 만물을 그의 발 아래 두셨으니 (시편 8편 3절–6절)

005 자연만물을 사랑하기 위한 기도(2)

주여, 우주 자연을 쳐다볼 때마다 창조주를 찬양합니다. 창공을 우러러 고상한 마음을 갖게 하시고, 먼 산을 바라보며 흔들리지 않는 신앙을 갖게 하소서. 아래로 흐르는 강물을 보면서 겸손한 마음을 갖게 하시고, 솟아오르는 샘물을 마시며 마음이 청결해지게 하소서. 펼쳐진 광야를 보며 너그러운 마음을 갖게 하소서.

어제나 오늘이나 영원토록 변함없는 주여, 여호와를 찾으며 주의 의를 사모하는 자에게 좋은 것으로 만족케 하는 풍성한 은혜가 차고 넘치게 하소서. 부르짖는 자에게 크고 비밀한 일을 보여주시는 주여, 우주만물을 지으신 주 앞에 겸손히 구하는 자에게 하늘의 신령한 은혜와 땅의 기름진 복으로 만족케 하소서.

예수 그리스도의 이름으로 기도합니다. 아멘

젊은 사자는 궁핍하여 주릴지라도 여호와를 찾는 자는 모든 좋은 것에 부족함이 없으리로다(시편 34편 10절)

006 생명을 존중하는 마음을 구하는 기도

창조주여, 저를 주의 형상으로 창조해 주신 것을 감사합니다. 그러나 주의 형상을 닮은 사람을 직간접적으로 살해할 때가 많았던 것을 고백합니다. 주의 말씀에 비춰보면 다른 사람의 생명을 해친 일이 얼마나 많은지 헤아리기조차 어렵습니다. 다른 사람을 미워한 죄, 시기한 죄, 정죄한 죄, 심지어 저주한 죄에서 비켜서지 못합니다. 이 잘못을 용서해 주시고, 주의 말씀대로 생명 있는 것을 사랑하게 하소서.

생명의 주여, 공중에 나는 새들을 먹이신 것 같이 저를 먹여주시고, 독수리같이 소망의 날개를 펴고 올라가게 하소서. 들에 피는 백합화같이 아름답고 착한 행실로 솔선하게 하소서. 참새보다 인간을 더 귀하게 여기며 머리털까지도 세시는 주를 바라보며 스스로 존귀한 존재로 살게 하소서. 해 아래 사는 모든 생명을 소중히 여기는 그리스도인이 되게 하소서.

예수 그리스도의 이름으로 기도합니다. 아멘

───◆───

해와 달아 그를 찬양하며 밝은 별들아 다 그를 찬양할지어다 하늘의 하늘도 그를 찬양하며 하늘위에 있는 물들도 그를 찬양할지어다 그것들이 여호와의 이름을 찬양함은 그가 명령하시므로 지음을 받았음이로다 (시편 148편 3절–5절)

007 재능과 재주가 선한 일에 쓰이도록 간구하는 기도

주여, 날마다 푸른 초장과 잔잔한 물가로 인도하시는 주께 오늘도 벅찬 가슴으로 기도합니다. 날마다 저의 첫 언어는 주를 찬양하게 하시고, 첫 행동은 기도로 시작하게 하소서. 저의 첫 생각은 주를 위하여, 세상을 위하여, 이웃을 위하여 열려있게 하소서. 저의 언어에는 절제와 진실, 아름다움이 있게 하시고, 생각에는 정숙과 기쁨이, 행동에는 근면함과 신실함을 더해 주소서.

주여, 목동 다윗에게 재능과 재주를 주셔서 용기 있게 살아갈 수 있는 힘을 주신 것처럼, 또 연약한 베드로에게 지혜와 지식을 주셔서 가장 능력 있는 삶을 살아가게 하신 것처럼, 저에게 주신 재능과 재주를 용기 있게 펼쳐가게 하소서. 한 달란트 받아 땅속에 묻어두었던 종과 같은 어리석음을 범치 않게 하시고, 겸손하되 남에게는 존경과 관대함으로 대하게 하소서. 두 달란트와 다섯 달란트 받은 자와 같이 저도 주께서 주신 달란트를 가장 능력 있게, 힘 있게, 용기 있게 사용하게 하소서.

용기와 힘을 주시는 주여, 이 시간 제 마음속에 오셔서 이 시대에 가장 필요한 사람으로서 재능과 재주를 유감없이 발휘하기를 원합니다. 지혜와 지식, 능력을 더해 주셔서 생명력 넘치고, 힘 있는 삶을 살아가게 하소서.

예수님의 이름으로 기도합니다. 아멘

―――――――•••◆•••――――――――

또 어떤 사람이 타국에 갈 때 그 종들을 불러 자기 소유를 맡김과 같으니 각
각 그 재능대로 한 사람에게는 금 다섯 달란트를, 한 사람에게는 두 달란트를,
한 사람에게는 한 달란트를 주고 떠났더니 다섯 달란트 받은 자는 바로 가서
그것으로 장사하여 또 다섯 달란트를 남기고 두 달란트 받은 자도 그같이 하
여 또 두 달란트를 남겼으되 한 달란트 받은 자는 가서 땅을 파고 그 주인의
돈을 감추어 두었더니 오랜 후에 그 종들의 주인이 돌아와 그들과 결산할새
(마태복음 25장 14절~19절)

008 헌신을 다짐하는 기도

주여, 저의 헌신을 통하여 주를 기쁘시게 할 수 있기를 원합니다. 주께서는 저의 생명을 새롭게 하기 위해 자신을 주셨고, 저를 부요케 하시려고 스스로 비천한 자리를 택하셨으나 저는 주의 이름으로 베풀기 보다는 받는 것만을 추구했고, 주의 이름으로 고난 받는 것 보다는 영광의 자리를 탐했던 것을 고백합니다.

주여, 저의 죄인 된 모습을 바라볼 수 있게 하시고, 주께서 주신 사랑을 받았으니 그 사랑을 실천하게 하소서. 주를 위해 헌신할 수 있는 힘을 공급해 주소서. 주의 사람으로 거듭나 뜻이 하늘에서 이룬 것같이 땅에서도 속히 이뤄지기를 위해 더욱 헌신하고, 충성스런 삶을 살아가게 하소서.

주여, 저에게 세상풍조에 휩쓸리지 않는 곧은 신앙을 주소서. 세상은 힘들고 어렵고 더러운 일을 기피하는 풍조가 만연하고, 쉽고 편하고 좋은 것만을 추구하는 풍조가 그리스도를 따르는 제 마음속에도 깊이 파고들었습니다. 한 알의 밀이 땅에 떨어져 죽으면 많은 열매를 맺고, 죽지 않으면 한 알 그대로 있다고 하신 주의 말씀이 제 마음을 사로잡게 하소서. 그리스도의 남은 고난을 그의 몸 된 교회를 위하여 내 육체에 채운다고 했던 바울 사도의 삶을 살아내게 하소서.

주 예수 그리스도의 이름으로 기도합니다. 아멘

———— ·•◆•· ————

내가 진실로 진실로 너희에게 이르노니 한 알의 밀이 땅에 떨어져 죽지 아니
하면 한 알 그대로 있고 죽으면 많은 열매를 맺느니라 자기의 생명을 사랑하
는 자는 잃어버릴 것이요 이 세상에서 자기의 생명을 미워하는 자는 영생하
도록 보전하리라 사람이 나를 섬기려면 나를 따르라 나 있는 곳에 나를 섬기
는 자도 거기 있으리니 사람이 나를 섬기면 내 아버지께서 그를 귀히 여기시
리라 (요한복음 12장 24절–26절)

009 용기 있는 믿음을 구하는 기도

인류의 생사화복을 주관하시는 주여, 허물과 죄로 죽었던 저를 독생자 예수 그리스도의 십자가 보혈로 구속해 주신 주의 사랑과 은총에 감사합니다. 주의 명령을 따라 행할 수 있는 믿음과 용기를 구합니다.

주여, 주께서는 '네 마음을 다하고 목숨을 다하고 뜻을 다하여 주 너의 하나님을 사랑하라' '네 이웃을 네 자신 같이 사랑하라' 고 하신 사랑의 계명을 가장 큰 계명으로 주셨습니다. 저에게도 그 계명을 따라 하나님을 사랑하고 이웃을 사랑할 수 있는 믿음을 주소서. 그 사랑을 구체적인 행동으로 나타내 보일 수 있는 용기도 더해 주소서. 주께서는 또 '나의 계명을 가지고 지키는 자라야 나를 사랑하는 자' 라고 하셨습니다. 이제 구원받은 자로서 주의 계명을 지켜 행하게 하소서.

주여, 악하고 패역한 세상에서 주의 명령을 따라 살아가는 데는 많은 저항과 반대, 고난과 핍박이 기다리고 있습니다. 모든 어려움을 이기게 하는 믿음과 용기를 주시고, 견고하며 흔들림 없이 주의 명령을 따르는 자가 되게 하소서. 주께서 주시는 믿음과 용기를 가지고 세상에 나아갈 때 이 악한 세상에서 승리할 수 있도록 인도해 주소서.

주 예수 그리스도의 이름으로 기도합니다. 아멘

————— ·•◆•·— —————

선생님 율법 중에서 어느 계명이 크니이까 예수께서 이르시되 네 마음을 다
하고 목숨을 다하고 뜻을 다하여 주 너의 하나님을 사랑하라 하셨으니 이것
이 크고 첫째 되는 계명이요 둘째도 그와 같으니 네 이웃을 네 자신 같이 사
랑하라 하셨으니 이 두 계명이 온 율법과 선지자의 강령이니라 (마태복음 22
장 36절–40절)

사탄

음란

탐욕

죄

우상

심판

010 사탄의 유혹을 이기는 기도(1)

오늘도 제가 주 안에서 승리하기를 원하시는 주여, 저의 마음을 사로잡으려는 악한 사탄의 유혹을 뿌리치고, 빛의 자녀답게 승리하는 날이 되게 하소서. 미워하는 마음으로 인해 사탄의 유혹에 노출되지 않게 하시고, 혹시 형제를 향한 미운 마음이 생길 때면 저 같은 죄인도 주께서 사랑해 주셨음을 기억하고 다만 제 마음이 주를 향한 사랑으로 가득해 미움이 자리 잡을 틈이 없게 하소서.

옳고 그름을 지혜로 깨달아 알게 하시는 주여, 불만과 불신으로부터 저를 지켜주소서. 혹시 다른 사람을 보고 샘을 내거나 화가 치밀어 오를 때 흙덩이 같은 제 육신에 담아주신 그리스도의 보화를 생각하게 하소서. 남과 비교하는 어리석음에서 속히 벗어나게 하시고, 옳지 않은 일인 줄 알면서도 사탄과 타협하는 일이 없게 하소서. 남들도 다 한다고 할지라도, 아무도 하는 사람이 없다고 할지라도, 저로서는 어쩔 수 없다는 생각이 들지라도 저의 마음과 생각을 지키게 하소서. 사탄의 교묘하고 끈질긴 유혹을 이겨낼 믿음의 힘을 날마다 공급해 주소서.

부활로 승리하신 예수님의 이름으로 기도합니다. 아멘

———◦◦◦◦———

그러나 더욱 큰 은혜를 주시나니 그러므로 일렀으되 하나님이 교만한 자를 물리치시고 겸손한 자에게 은혜를 주신다 하였느니라 그런즉 너희는 하나님께 복종할지어다 마귀를 대적하라 그리하면 너희를 피하리라 하나님을 가까이 하라 그리하면 너희를 가까이 하시리라 죄인들아 손을 깨끗이 하라 두 마음을 품은 자들아 마음을 성결하게 하라 (야고보서 4장 6절–8절)

011 사탄의 유혹을 이기는 기도(2)

주여, 오늘도 제 삶을 통하여 주의 거룩하심을 나타내소서. 저는 날마다 만나는 수많은 사람들과 일을 하면서 수많은 시험을 당하고, 죄의 유혹을 받습니다. 때로는 감당할 수 없는 큰 장애물이 앞을 가로막기도 합니다. 저를 미혹하여 넘어지게 하고, 어리석은 것을 보고 듣게 하여 결국 그것을 좇아가게 만드는 사탄의 올무에 얽히기도 합니다. 그 때마다 주를 기억하게 하시고, 제 안에 계시는 성령의 미세한 음성에 민감하게 하소서.

주여, 저는 약하여 유혹을 이기지 못할 뿐 아니라 진리를 수호하려는 용감한 의지도 발휘하지 못합니다. 조그마한 이익에 양심과 신앙을 팔아버리는 나약한 존재입니다. 그럼에도 지금까지 승리의 길로 인도하신 주께서 저를 생명의 빛으로 인도하여 어리석은 것을 탐하지 않게 하소서. 주께서 세상을 이기신 것처럼 저도 오직 주를 의지해 주의 말씀으로 이기게 하소서.

세상을 이기신 예수님의 이름으로 기도합니다. 아멘

보라 너희가 다 각각 제 곳으로 흩어지고 나를 혼자 둘 때가 오나니 벌써 왔도다 그러나 내가 혼자 있는 것이 아니라 아버지께서 나와 함께 계시느니라 이것을 너희에게 이르는 것은 너희로 내 안에서 평안을 누리게 하려 함이라 세상에서는 너희가 환난을 당하나 담대하라 내가 세상을 이기었노라 (요한복음 16장 32절-33절)

012 대중매체에 파고든 음란문화 배척을 위한 기도(1)

주여, 주를 거역하고 패역한 저를 버리지 않으시고, 영생하는 은혜와 구속의 은총을 주셔서 감사합니다. 주여, 참으로 세상은 어둡습니다. 인간의 심령이 강포와 교만, 탐욕에 눈이 멀었습니다. 거짓이 높은 곳에서 외치고, 불의가 활개치고, 생명 없는 자가 산 자를 압제합니다. 대중매체에 파고드는 사탄의 음란문화가 청소년을 병들게 하고, 남녀노소와 유무식자를 가리지 않고 죄악의 구렁텅이에 빠트립니다. 소돔과 고모라 성을 방불케 하는 이 땅을 불쌍히 여기소서.

주여, 저를 구하소서. 주의 강한 손으로 이 음란과 어두움을 몰아내 주소서. 연약한 저에게 성령의 능력과 지혜를 주셔서 간악한 영을 분별하여 이기게 하소서. 믿음의 물맷돌로 음란의 골리앗을 물리칠 수 있는 강한 자가 되어 이 시대를 지키는 주의 용사가 되게 하소서. 제 영혼을 소생시키며, 여호와의 집에 영원히 사는 복을 누리게 하소서.

예수 그리스도의 이름으로 기도합니다. 아멘

------- ·•◆•· -------

근신하라 깨어라 너희 대적 마귀가 우는 사자 같이 두루 다니며 삼킬 자를 찾나니 (베드로전서 5장 8절)

013 대중매체에 파고든 음란문화 배척을 위한 기도(2)

주여, 주의 은혜도 모르고 늘 배반하는 저를 포용하시고, 거룩한 자녀로 삼아주시니 감사합니다. 그러나 미혹의 영에 이끌리어 능욕을 당하고, 찢기며, 고통으로 울부짖을 때도 있습니다. 술 취함과 방탕이 거리마다 일렁이고, 큰소리로 사탄을 찬양합니다. 교만한 지식으로 쌓은 바벨탑이 하늘로 치솟아갑니다. 너무도 어리석어 사탄의 속삭임에 귀 기울이고, 스마트폰에 파고든 음란문화에 노출돼 있습니다. 이웃을 위해서는 물 한 방울도 아끼면서 사탄의 광란에는 제 몸과 영혼까지 팔아버리고 맙니다. 주여, 마귀가 쳐놓은 덫에 걸린 저를 구원하소서.

주여, 주는 참 그리스도요, 저의 요새와 방패가 되십니다. 저를 간악한 사탄의 올무에 묶여 도살장으로 끌려가는 처량한 인간으로 버려두지 마소서. 십자가 위에서 '다 이루었다'고 하신 주의 음성에 힘입어 저도 이 음란과 퇴폐를 이겨내어 사탄의 올무를 끊게 하소서. 구속하시는 주여, 저의 생명을 지키시고, 죽음의 올무에서 건지시며, 생명의 길로 인도하소서.

예수 그리스도의 이름으로 기도합니다. 아멘

육체의 일은 분명하니 곧 음행과 더러운 것과 호색과 우상 숭배와 주술과 원수 맺는 것과 분쟁과 시기와 분냄과 당 짓는 것과 분열함과 이단과 투기와 술취함과 방탕함과 또 그와 같은 것들이라 전에 너희에게 경계한 것 같이 경계하노니 이런 일을 하는 자들은 하나님의 나라를 유업으로 받지 못할 것이요 (갈라디아서 5장 19절–21절)

014 불의를 판단하는 지혜를 구하는 기도

불꽃같은 눈으로 저를 감찰하시는 주여, 우리 사회에 불의와 부패, 부정이 만연해 죄악의 어두움이 깊고 극심합니다. 주의 자녀마저 선악의 판단력과 양심도 무디어져서 무엇이 선이고 무엇이 악이며, 무엇이 정의이고 무엇이 불의와 부정인지 판단할 수 없는 자들처럼 되고 말았습니다.

주여, 저를 불쌍히 여기시고 심령을 새롭게 하는 은혜를 베풀어 주셔서 제 안에 선한 양심을 회복시켜 주소서. 주의 말씀에 근거한 바른 판단력을 갖게 해 주셔서 불의를 보고 바르게 판단할 줄 아는 그리스도인이 되게 하소서. 더 나아가 불의와 타협하지 않고 대항하여 싸우는 용기를 더해 주소서.

주여, 불의가 정의를 대신하고 부정이 선한 양심을 멍들게 하고, 부당한 권력과 폭력이 만연한 사회입니다. 선한 목자이신 주께서 저의 선한 양심을 회복해 주셔서 불의를 추방하고 부패와 부정을 근절시키는 의의 병기로 써주소서. '너희는 세상의 빛이요, 소금이라' 는 주의 말씀대로 제가 불의와 부패, 부정을 물리치는 빛이 되고, 소금이 되도록 성령의 능력을 덧입혀 주소서.

주 예수 그리스도의 이름으로 기도합니다. 아멘

너희는 세상의 소금이니 소금이 만일 그 맛을 잃으면 무엇으로 짜게 하리요 후에는 아무 쓸데 없어 다만 밖에 버려져 사람에게 밟힐 뿐이니라 너희는 세상의 빛이라 산 위에 있는 동네가 숨겨지지 못할 것이요 사람이 등불을 켜서 말 아래에 두지 아니하고 등경 위에 두나니 이러므로 집안 모든 사람에게 비치느니라 이같이 너희 빛이 사람 앞에 비치게 하여 그들로 너희 착한 행실을 보고 하늘에 계신 너희 아버지께 영광을 돌리게 하라 (마태복음 5장 13절-16절)

015 탐욕을 버리기 위한 기도

주여, 온세상이 아직도 죄악의 깊은 잠에서 깨어나지 않은 새벽 미명입니다. 세상과 접촉하기 전에 순전하고 맑은 정신으로 무릎 꿇어 기도합니다. 탐욕으로 가득 차 더러워진 저를 주의 보혈로 정결하게 하시고, 제 마음이 주의 거룩하신 영으로 가득 채워지게 하소서. 제 안에 자리 잡은 탐욕을 비워내게 하소서.

주여, 주와 함께 교제하며 살기를 원합니다. 온갖 정욕과 탐심이 주를 멀리 격리시키고 있습니다. 온갖 분쟁과 불의, 죄악들이 탐욕에서 기인하고 있음을 고백합니다. 주의 성령이 저를 강하게 지배하셔서서 주님처럼 생각하고, 주님처럼 행하게 하소서. 주 없이 살 수 없으며, 주 떠나시면 그 인생이 헛될 수밖에 없습니다.

주여, 제가 무엇을 바라겠습니까? 저의 소망은 주밖에 없습니다. 정직한 주의 임재 앞에 온마음과 정성을 기울여 주의 임재와 성령의 충만을 기다립니다. 맑게 갠 하늘처럼 제 마음도 맑고 높고 푸르게 하소서.

예수 그리스도의 이름으로 기도합니다. 아멘

또 이르시되 사람에게서 나오는 그것이 사람을 더럽게 하느니라 속에서 곧 사람의 마음에서 나오는 것은 악한 생각 곧 음란과 도둑질과 살인과 간음과 탐욕과 악독과 속임과 음탕과 질투와 비방과 교만과 우매함이니 이 모든 악한 것이 다 속에서 나와서 사람을 더럽게 하느니라 (마가복음 7장 20절–23절)

016 고백하지 않은 죄를 깨닫는 기도

주여, 제가 죄인인 것을 깨닫게 도우소서. 상투적으로 입술로만 죄인이라고 말하지 않게 하시고, 마음 속 깊이 진심에서 우러나오는 죄의 고백이 있게 하소서. 주께서는 저의 앉고 일어섬을 아시고, 제 마음과 생각을 통촉하시며, 불꽃같은 눈으로 저를 감찰하시는 분입니다. 제가 주 앞에 무슨 죄를 숨길 수 있으며, 주의 낯을 피할 수 있겠습니까?

주여, 주 앞에서 정직하기를 원합니다. 제 기억 속에 사라진 죄들이 많습니다. 그 죄들을 고백하고 회개하고 싶습니다. 성령이 저희를 도우셔서 그 죄들을 생각나게 하시고, 마음 속 깊이 숨겨진 죄를 참회할 수 있도록 역사해 주소서. 저의 죄를 스스로 깨닫고 회개할 수 없을 때 주께서 도우소서. 비록 사람이 모르는 죄일지라도, 지난날 오래 전에 지은 죄일지라도, 저의 생각에 도무지 생각나지 않은 죄일지라도 주께서는 아십니다. 성령이여, 무지한 제가 우선 깨닫게 하시고, 회개할 수 있는 용기와 결단을 갖게 하소서.

예수 그리스도의 이름으로 기도합니다. 아멘

주께서 내가 앉고 일어섬을 아시고 멀리서도 나의 생각을 밝히 아시오며
나의 모든 길과 내가 눕는 것을 살펴보셨으므로 나의 모든 행위를 익히 아
시오니 여호와여 내 혀의 말을 알지 못하시는 것이 하나도 없으시니이다
(시편 139편 2절-4절)

017 범죄의 자리에 서지 않기 위한 기도

의인의 길을 인정해 주시는 주여, 제가 악인들의 꾀를 따르지 않게 하시고, 죄인들의 길에 서지 않으며, 오만한 자리에 앉지 않게 하소서. 빛이 되시는 주의 인도하심을 따라 제 발의 등이요, 제 길의 빛이 되는 주의 말씀 안에서 살게 하소서.

주여, 저는 성령의 소원을 따라 살기 보다는 육신의 욕심을 따라 살려는 충동을 더욱 많이 느낍니다. 유혹의 욕심에 가득한 옛사람을 완전히 벗겨주시고, 심령이 새로워져 새 사람으로 살게 하소서.

주여, 잠시 형통한 것처럼 보이는 죄인의 길은 오직 바람에 나는 겨와 같을 뿐인 것을 깨달아 그들을 부러워하지 않게 하소서. 교만한 자의 자리를 탐하지 않게 하시고, 범죄의 자리에 순간적으로라도 서지 않게 하시고, 돌이키게 하소서. 오직 주의 말씀으로 즐거워하며 영원한 나라를 사모하게 하소서.

예수 그리스도의 이름으로 기도합니다. 아멘

---◈◈◈---

복 있는 사람은 악인들의 꾀를 따르지 아니하며 죄인들의 길에 서지 아니하며 오만한 자들의 자리에 앉지 아니하고 오직 여호와의 율법을 즐거워하여 그의 율법을 주야로 묵상하는도다 (시편 1편 1절–2절)

018 불의한 것에 마음을 빼앗기지 않기 위한 기도

악인의 악을 끊고 의인을 세우시는 주여, 주는 죄악을 기뻐하지 않으시니 제가 악을 품지도, 생각지도, 행하지도 않게 하소서. 악이 주와 함께 있을 수 없으며, 교만한 자가 주의 앞에 서지 못한다는 것을 알게 하소서. 제가 험하고 위태한 세상길의 모퉁이 모퉁이를 돌 때마다 주의 의로 인도해 주소서. 자기 사랑과 돈 사랑, 쾌락 사랑이 지배하고, 불의한 이익을 취하려는 무리들이 혈안하는 세상에서 제 마음과 생각을 지켜주소서.

주여, 세상의 소금이요, 빛인 제가 불의한 것에 마음을 빼앗기지 않게 하소서. 불의한 이익을 탐하지 말게 하소서. 겸손하면서도 의의 사람으로 살게 하시고, 사랑하면서도 불의를 물리칠 수 있게 하소서. 온유하면서도 빛을 비추게 하소서. 모든 사람을 품고 살되 맛을 내는 소금이 되게 하소서. 스스로 빛 가운데에 서서 어두움의 일을 물리치는 주의 사람이 되게 하소서.

예수 그리스도의 이름으로 기도합니다. 아멘

악인의 악을 끊고 의인을 세우소서 의로우신 하나님이 사람의 마음과 양심을 감찰하시나이다 나의 방패는 마음이 정직한 자를 구원하시는 하나님께 있도다 (시편 7편 9절-10절)

019 심판의 날을 기억하기 위한 기도

심은 대로 거두게 하시는 주여, 봄에 뿌린 씨앗이 뜨거운 여름을 지나 가을에 열매를 거두고, 이제 쉼을 누리는 겨울입니다. 이런 일을 해마다 반복해 경험하게 하시는 주의 뜻을 깊이 깨닫게 하소서. 날 때가 있고, 죽을 때가 있으며, 심을 때가 있으면 뽑을 때가 있다는 성서의 말씀대로 저에게도 세상의 마지막 날이 다가오고 있음을 알게 하소서. 주의 날이 가까이 왔음을 알고 심판의 주 앞에 기쁨으로 설 준비를 잘 갖추게 하소서.

주여, 주께서 맡겨주신 달란트에 최선을 다하여 주인에게 기쁨을 드리는 종처럼 죽도록 충성하게 하소서. 신랑에게 찬사를 받은 거룩한 신부처럼 깨어 열심히 일하다가 주를 만나게 하소서. 사람이 인정해 주는 자보다 마지막 날에 심판주로 오시는 주의 인정을 받는 자가 되게 하소서. 저의 남은 생애에 다시 오실 주를 기다립니다.

예수 그리스도의 이름으로 기도합니다. 아멘

------- ··•◆•·· -------

범사에 기한이 있고 천하 만사가 다 때가 있나니 날 때가 있고 죽을 때가 있으며 심을 때가 있고 심은 것을 뽑을 때가 있으며 죽일 때가 있고 치료할 때가 있으며 헐 때가 있고 세울 때가 있으며 울 때가 있고 웃을 때가 있으며 슬퍼할 때가 있고 춤출 때가 있으며 (전도서 3장 1절~4절)

020 우상숭배를 물리치는 기도

주여, 제가 사탄에게 미혹을 받지 않도록 선악을 분별하는 영으로 임하소서. 이방인의 제사하는 것은 귀신에게 하는 것이라고 하셨으니, 주의 잔과 귀신의 잔, 주의 식탁과 귀신의 식탁을 겸하여 참여하는 죄를 범치 않게 하소서. 오히려 이 헛된 일을 버리고 천지와 바다, 그 가운데 만유를 지으신 주께로 돌아오는 가문과 민족이 되게 하소서.

주여, 변장한 사울이 신접한 여인을 찾아가 길흉을 물었던 것을 기억합니다. 제가 점치는 자에게 운명을 맡기는 어리석은 자가 되지 않게 하소서. 요셉의 옷자락을 잡아끌었던 주인의 아내처럼 육신의 정욕과 안목의 정욕, 이생의 자랑이 제 옷자락을 끌더라도 '어찌 이 큰 악을 행하여 하나님께 득죄하겠느냐' 며 담대히 뿌리칠 수 있는 용기를 주소서.

주여, 저에게 나쁜 것과 좋은 것을 분별할 수 있는 지혜를 주시고, 더 나아가 좋은 것과 더 좋은 것을 분별하여 마리아와 같이 더 좋은 것을 택하게 하소서.

예수 그리스도의 이름으로 기도합니다. 아멘

너희가 주의 잔과 귀신의 잔을 겸하여 마시지 못하고 주의 식탁과 귀신의 식탁에 겸하여 참여하지 못하리라 (고린도전서 10장 21절)

021 기도를 쉬는 죄를 범치 않기 위한 기도

주여, 우상숭배로 주를 멀리하고, 윤리도덕이 땅에 떨어져 가정과 사회가 흔들리며, 허영과 사치, 방탕이 나라의 기틀마저 위협하는 시대에 살고 있습니다. 가정과 사회, 나라가 위기를 맞게 된 것은 주의 사람인 그리스도인이 기도하지 않은 죄인 줄 믿습니다. 깨어 근신하며 기도하는 것이 그리스도인의 본분인데도 기도를 쉰 저의 죄를 용서해 주소서.

주여, 애굽의 탄압을 견디다 못해 주께 부르짖으며 기도하여 구원 받은 이스라엘 민족을 기억합니다. 멸망의 위기 앞에서 '죽으면 죽으리라' 사생결단하고 금식기도하여 민족을 구한 에스더처럼 기도의 사람이 되게 하소서. 외적의 침략을 받고 주의 성전에 나가 밤새 기도하여 승리의 기적을 일으켰던 엘리사와 히스기야처럼 저도 주 앞에 매달려 기도하게 하소서. 주여, 기도를 쉬는 죄를 범치 않게 하소서.

예수 그리스도의 이름으로 기도합니다. 아멘

————◆————

당신은 가서 수산에 있는 유다인을 다 모으고 나를 위하여 금식하되 밤낮 삼일을 먹지도 말고 마시지도 마소서 나도 나의 시녀와 더불어 이렇게 금식한 후에 규례를 어기고 왕에게 나아가리니 죽으면 죽으리이다 하니라 (에스더 4장 16절)

교만

겸손

회개

용서

022 회개하지 않은 죄를 깨닫는 기도

주여, '여호와의 손이 짧아 구원하지 못하심도 아니요, 귀가 둔하여 듣지 못하심도 아니라. 오직 너희 죄악이 너희와 너희 하나님 사이를 갈라놓았고, 너희 죄가 그의 얼굴을 가리어서 너희에게서 듣지 않으시게 함이니라.'고 하신 말씀을 기억합니다. 저의 기도가 주께 상달되지 못하고 응답을 받지 못하는 것은 저에게 회개하지 않은 죄가 있기 때문인 줄 압니다.

주여, 저에게 회개의 영을 허락해 주셔서 회개치 못한 죄가 제 속에 하나도 남아있지 않게 도우소서. 회개한 심령을 부끄럽게 하지 않으시고, 사죄의 은총을 베풀어 주심을 감사합니다. 동이 서에서 먼 것같이 저의 죄과를 멀리 보내시고, 기억조차 하지 않으신다는 약속을 믿습니다. 저에게 흰 눈보다 더 희게 하시는 자비와 은총을 베풀어 주소서. 천지만물과 빛의 창조자가 되시는 하늘 아버지, 영생을 주신 은혜와 사랑에 감사합니다. 저를 죄악에서 건져 주소서.

예수 그리스도의 이름으로 기도합니다. 아멘

여호와의 손이 짧아 구원하지 못하심도 아니요 귀가 둔하여 듣지 못하심도 아니라 오직 너희 죄악이 너희와 너희 하나님 사이를 갈라 놓았고 너희 죄가 그의 얼굴을 가리어서 너희에게서 듣지 않으시게 함이니라 (이사야 59장 1절)

023 죄를 깨닫는 기도

주여, 저의 내면 깊은 곳에 세상적인 죄, 정욕적인 죄, 마귀적인 죄악이 숨어 있습니다. 비록 행동으로 옮기지는 않았을지라도 마음으로부터 나오는 악한 생각으로 저지른 살인과 음란, 도적질, 거짓증거 등 하나님과 원수가 되는 육신의 죄가 많이 있습니다. 용서해 주시고, 성령으로 조명하여 깨닫게 하소서.

주여, 사람이 무엇으로 심든지 그대로 거두리라고 하신 것처럼 육체를 위하여 심는 자는 육체로부터 썩어진 것을 거두고, 성령을 위하여 심는 자는 성령으로부터 영생을 거둔다는 것을 압니다. 제가 성령의 소욕을 거스른 육체의 소욕으로 더 이상 살지 않게 하소서. 주가 가시는 길을 저도 따라가 성령의 열매를 맺게 하소서. 더 이상 육신의 정욕과 안목의 정욕, 이생의 자랑으로 살지 않게 하소서.

예수 그리스도의 이름으로 기도합니다. 아멘

이 세상이나 세상에 있는 것들을 사랑하지 말라 누구든지 세상을 사랑하면 아버지의 사랑이 그 안에 있지 아니하니 이는 세상에 있는 모든 것이 육신의 정욕과 안목의 정욕과 이생의 자랑이니 다 아버지께로부터 온 것이 아니요 세상으로부터 온 것이라 (요한일서 2장 15절-16절)

024 어제 회개하지 못한 죄가 생각날 때의 기도

주여, 감정에 휩싸여 분노했던 부질없는 어제의 행동을 용서해 주소서. 모르는 것으로 인하여 제 자신을 미워하고, 많이 아는 사람을 무시했던 어제의 죄를 용서해 주소서. 저보다 넉넉하고 여유 있는 사람을 보며 상대적 빈곤과 시기 질투에 빠졌던 어제의 죄를 용서해 주소서. 어제 현실적인 고통과 미래에 대한 불안으로 신앙 없던 자로 산 것을 용서해 주소서.

주여, 지난날 우리 민족이 사상과 이념의 노예가 되어 평화를 지키지 못하고 남북 형제간에 총을 겨누었던 죄를 용서해 주소서. 전쟁으로 인하여 꽃다운 아들, 딸들이 꽃잎처럼 스러진 이 땅을 굽어 살피소서. 한이 서린 이 땅을 불쌍히 여겨주소서.

예수 그리스도의 이름으로 기도합니다. 아멘

―――◆―――

예수께서 세례를 받으시고 곧 물에서 올라오실새 하늘이 열리고 하나님의 성령이 비둘기 같이 내려 자기 위에 임하심을 보시더니 하늘로부터 소리가 있어 말씀하시되 이는 내 사랑하는 아들이요 내 기뻐하는 자라 하시니라 (마태복음 3장 16절~17절)

025 죄를 고백하고, 회개하여 용서를 구하는 기도

긍휼이 많으신 주여, 먼저 주의 말씀대로 행하지 못한 죄를 회개합니다. 용서해 주소서. 그릇된 행실과 어그러진 길로 행하며, 잘못된 행동으로 지은 죄를 고백합니다. 용서해 주소서. 죄악이 점점 많아지는 세상을 따라 살았습니다. 용서해 주소서.

신실하신 주여, 주 없이 사는 자들과 주가 없는 문화, 주가 없는 사상, 주가 없는 책과 노래에 유혹 받지 않고 세상을 변화시킬 수 있는 참 신실한 믿음을 주소서. 주와 동행함으로써 마귀의 권세를 이기게 하소서. 일터에서는 성실한 생활을 하게 하시고, 검소한 생활로 경건하게 하소서. 제 입술이 주의 영광을 찬양하고, 주의 일꾼으로서 충성스러운 증인이 되게 하소서.

예수 그리스도의 이름으로 기도합니다. 아멘

그들이 모였을 때에 예수께 여쭈어 이르되 주께서 이스라엘 나라를 회복하심이 이 때니이까 하니 이르시되 때와 시기는 아버지께서 자기의 권한에 두셨으니 너희가 알 바 아니요 오직 성령이 너희에게 임하시면 너희가 권능을 받고 예루살렘과 온 유대와 사마리아와 땅 끝까지 이르러 내 증인이 되리라 하시니라 (사도행전 1장 6절–8절)

026 행함이 없는 믿음을 회개하는 기도

주여, 처음 사랑을 잃었습니다. 남을 섬기기보다는 대접 받기를 좋아했고, 화해하기보다는 분쟁과 갈등을 부추겼습니다. 존경과 칭찬은커녕 조롱을 더 받았고, 치유하기보다는 상처를 긁어 더 아프게 했습니다. 사랑하기보다는 미움과 시기로 가득했습니다. 주의 말씀을 저의 지식과 논리의 수단으로 삼았고, 참빛으로 오신 주를 증거하지도 못했습니다. 물질문명의 혼란 속에서 가치관마저 흔들려 믿음이 있는 지 없는 지 경계조차 무너졌습니다.

주여, 말씀 앞에 무릎 꿇지 않고, 관습과 관행에 무릎 꿇었습니다. 교회의 담을 높이 쌓아 개교회 중심으로 울타리 안의 교인들끼리만 행복했을 뿐입니다. 물량 팽창을 성장의 제일 덕목인줄 알았습니다. 저의 허물과 약함을 아시는 주여, 어리석고 미련한 저희를 용서해 주소서. 행함이 없는 믿음, 죽은 믿음을 용서해 주소서.

예수 그리스도의 이름으로 기도합니다. 아멘

───── ··◆·· ─────

영혼 없는 몸이 죽은 것 같이 행함이 없는 믿음은 죽은 것이니라 (야고보서 2장 26절)

027 교만한 죄를 회개하는 기도(1)

주여, 저의 교만한 죄를 용서해 주소서. 제가 피조물인 것과 주 앞에 죄인인 것을 망각하고 겸손하지 못했습니다. 의롭다고 인정받아 구원받은 것이 마치 저의 힘으로 된 것인 줄로 착각해 스스로 자랑하고 나타냈습니다. 겸손하신 주를 믿고 따른다고 하면서도 주의 겸손을 배우기에는 게을렀습니다. 주는 하나님의 본체시나 인간의 몸을 입으시고 종으로 오셔서 겸손으로 허리를 동이고 섬기셨는데, 저는 높은 자리를 탐했고, 섬김 받기를 좋아했습니다. 바리새인처럼 늘 자신을 제일이라고 생각해 다른 사람을 무시하고 깔보았습니다.

주여, 저의 겸손하지 못한 마음과 자세를 용서해 주소서. '교만은 멸망의 선봉이요, 겸손은 존귀의 길잡이'라고 하신 말씀을 기억하게 하소서. 주는 교만한 자를 물리치시고 겸손한 자에게 은혜와 복을 베푸시는 분이심을 깨달아 알게 하소서.

예수 그리스도의 이름으로 기도합니다. 아멘

─────◆─────

사람의 마음의 교만은 멸망의 선봉이요 겸손은 존귀의 길잡이니라 (잠언 18장 12절)

028 교만한 죄를 회개하는 기도(2)

주여, 교만한 죄를 회개합니다. 제가 교만하여 주를 떠나 살 때에도 변함없이 보호하시며, 인도하시는 주의 한없는 사랑을 감사합니다. 그리스도 안에서 거듭나게 하시고, 새롭게 빚어 거룩한 백성으로 불러주신 은총을 감사합니다. 저의 눈을 열어 주의 법이 기이한 것을 보게 하시며, 주의 위대하심을 보게 하소서.

주여, 주의 겸손하심과 온유함을 본받아 주 앞에 겸손히 무릎 꿇기를 원합니다. 세상의 악함과 더러움, 무지함에서 벗어나게 하시고, 주의 거룩하심을 이루게 하소서. 아직도 제 안에는 유혹의 욕심을 따라 썩어져가는 구습을 좇는 옛사람을 벗어버리지 못하고, 허우적거릴 때가 많습니다. 저의 속사람을 강건케 하셔서 주를 따라 의와 진리의 거룩함으로 새사람을 입게 하소서. 교만함과 무지함에서 벗어나게 하시고, 세월을 아끼는 지혜를 얻게 하소서.

예수 그리스도의 이름으로 기도합니다. 아멘

너희는 유혹의 욕심을 따라 썩어져 가는 구습을 따르는 옛 사람을 벗어 버리고 오직 너희의 심령이 새롭게 되어 하나님을 따라 의와 진리의 거룩함으로 지으심을 받은 새 사람을 입으라 (에베소서 4장 22절-24절)

029 교만을 물리치는 기도

영원한 소망과 기쁨을 주시는 주여, 오늘도 주의 무한한 사랑하심과 주 예수 그리스도의 크신 은혜와 성령의 인도하심에 감사드립니다. '나를 떠나서는 너희가 아무것도 할 수 없다'고 하신 말씀처럼 저는 복과 능력의 근원이신 주를 떠나서는 아무것도 할 수 없는 연약한 존재인 것을 고백합니다. 저는 주가 필요합니다. 주를 항상 바라봅니다. 범사에 주를 의지합니다.

모든 것을 밝히 깨달아 알게 하시는 주여, 저에게 지혜와 계시의 정신을 주셔서 주를 바로 알게 하시고, 제 안에 있는 모든 교만한 마음과 생각을 제거해 주소서. '교만은 패망의 선봉이요, 거만한 마음은 넘어짐의 앞잡이'라고 하신 주의 말씀을 기억합니다. 제 안에 남보다 높아지고자 하는 마음, 시기와 질투의 마음, 주의 뜻보다는 제 고집대로 살아가려는 마음이 있음을 고백합니다. 이런 마음과 생각들이 행동으로 나타나 형제와 자매들에게 해를 입히고 상처를 남긴 일이 많이 있을 것입니다. 이 시간에 생각나게 하시고, 주 앞에 회개하는 마음을 주소서. 항상 남을 나보다 낮게 여기는 겸손한 마음으로 그들을 섬기게 하소서.

예수님의 이름으로 기도합니다. 아멘

나는 포도나무요 너희는 가지라 그가 내안에, 내가 그 안에 거하면 사람이 열매를 많이 맺나니 나를 떠나서는 너희가 아무 것도 할 수 없음이라 (요한복음 15장 5절)

교만은 패망의 선봉이요 거만한 마음은 넘어짐의 앞잡이니라 겸손한 자와 함께 하여 마음을 낮추는 것이 교만한 자와 함께 하여 탈취물을 나누는 것보다 나으니라 (잠언 16장 18절–19절)

030 겸손한 마음을 구하는 기도

주여, 저에게 겸손한 마음을 주소서. 바울 사도처럼 세월이 갈수록 믿음이 성장하고 인격이 겸손해지게 도우소서. 바울은 사도 중에 작은 자라고 고백했다가, 성도 가운데 지극히 작은 자라고 고백했고, 나중에는 죄인 중에 괴수라고 고백했습니다. 그런데 저는 세월이 갈수록, 나이가 들수록 더욱 교만하고 고집이 세어지고 있습니다. 벼이삭은 익어갈수록 고개를 숙이는데, 저는 고개를 들고, 목에 힘이 주어지고 있습니다.

주여, 저의 교만한 죄를 용서해 주시고, 겸손한 마음을 갖게 하소서. 온유하고 겸손하신 주를 본받아 살게 하소서. 물과 은혜는 낮은 곳으로 임하는 것처럼 저도 항상 낮은 자리에 서게 도우소서. 자기를 내세우지 않고 부인하여 더욱 낮아지게 하셔서 주의 은혜와 복을 누리게 하소서. 저를 죄악에서 구원해 주시고, 날마다 눈동자같이 지키시며 인도하시는 주만 바라보게 하소서.

예수 그리스도의 이름으로 기도합니다. 아멘

━━━◆━━━

미쁘다 모든 사람이 받을 만한 이 말이여 그리스도 예수께서 죄인을 구원하시려고 세상에 임하셨다 하였도다 죄인 중에 내가 괴수니라 (디모데전서 1장 15절)

031 용서할 수 없을 때 드리는 기도(1)

사랑의 주여, 하루가 저물기 전에 해결하지 못한 문제를 생각하며 기도합니다. 이웃과의 사이에서 용서하지 못한 나쁜 감정들과 원한의 고리들이 풀리지 않고 있습니다. 주께서는 형제를 용서한 만큼 용서를 받을 수 있다는 가르침을 주셨지만 단번에 용서하지 못하고 전전긍긍한 채 지내왔습니다. 기도하는 시간에는 형제를, 이웃을 늘 용서하지만 생활 속에서 그들을 마주치면 반가움 보다는 오히려 묵은 감정이 활화산이 되어 폭발하려고 합니다.

주여, 저의 죄를 용서하시되 다시는 기억조차 않으시는 주의 그 넓고 크신 마음을 닮게 해 주소서. 더 나아가 용서가 화해로, 화해가 사랑으로 발전할 수 있도록 저의 마음을 다스려 주소서. 이 나라의 남과 북, 동과 서가 서로 용서함으로써 다시 하나가 되게 하소서. 이혼율이 급격히 늘어가는 때에 각 가정에도 용서와 사랑의 새 바람이 불어 주께서 보시기에 선하고 아름다운 가정으로 회복되게 하소서.

예수 그리스도의 이름으로 기도합니다. 아멘

------- ◆ ------

우리가 우리에게 죄 지은 자를 사하여 준 것 같이 우리 죄를 사하여 주시옵고 우리를 시험에 들게 하지 마시옵고 다만 악에서 구하시옵소서 (마태복음 6장 12절-13절)

032 용서할 수 없을 때 드리는 기도(2)

비천한 자를 살리려고 십자가에서 물과 피를 쏟으신 주여, 믿는 자에게 영원한 생명을 주시니 감사합니다. 세상 모두 사랑이 없어 탄식하며, 고통 중에 헤맬 때 주는 저의 방패와 요새, 피난처가 되어 주셨습니다. 그 사랑을 생각하면 몸과 마음, 영혼까지 다 드려도 부족할 일인데, 형제를 판단하여 정죄할 뿐 아니라 시기와 질투, 거짓말, 독한 말로 형제의 가슴에 상처를 안겼습니다. 아침부터 저녁까지 죄악 속에서 호흡하며, 주를 슬프게 했습니다. 절대로 용서하지 못하는 아집으로 뭉쳐 있습니다. 십자가에서 고통당하시고 주의 피로 사신 저는 이처럼 못된 마음을 가졌습니다.

주여, 가장 큰 복수는 용서인데도 용서가 되지 않습니다. 주의 크신 사랑을 생각하며, 회개하고, 못된 행실에서 돌이키게 하소서. 물로 씻든지 불로 사르든지 주의 뜻에 합당하게 살도록 인도해 주소서. 주의 뜻에 합당하게 살려고 새사람이 되고자 해도 연약하여 늘 넘어지오니 미련한 저를 불쌍히 여겨 주소서. 제가 저에게 잘못한 사람을 용서한 것같이 저의 죄를 용서하소서.

예수 그리스도의 이름으로 기도합니다. 아멘

이르되 여호와는 나의 반석이시요 나의 요새시요 나를 위하여 나를 건지
시는 자시요 내가 피할 나의 반석의 하나님이시요 나의 방패시요 나의 구
원의 뿔이시요 나의 높은 망대시요 그에게 피할 나의 피난처시요 나의 구
원자시라 나를 폭력에서 구원하셨도다 (사무엘하 22장 2절~3절)

말씀

충성

섭리

은총

음성

033 말씀대로 살기 위한 기도(1)

주여, 제 말과 행실이 주의 말씀과 성령 안에서 계획되고 실천되어야 주께 영광이 되고 저에게는 기쁨이 충만할 줄 믿습니다. 그러나 제 경험과 뜻대로 계획하고 실행하다 실패를 거듭하거나 주 앞에 죄를 짓기도 합니다. 받기를 탐하는 자보다는 자비를 베푸는 자가 더 행복하고, 남을 미워하는 마음으로 비판하는 것보다는 사랑하는 마음으로 축복하는 것이 주의 뜻인 줄 압니다. 주여, 받기만 좋아하고 남을 미워하고 비판하기를 좋아했던 저를 용서하소서.

주여, 주의 말씀에서 벗어난 것은 과감히 버리게 하소서. 물을 떠난 물고기가 살 수 없듯이, 궤도를 벗어난 기차는 달릴 수 없듯이 저는 주의 말씀을 떠나서는 살 수 없는 존재입니다. 주의 말씀에서 벗어나는 것은 무서운 파멸이 있을 뿐입니다. 지금까지 주의 말씀에서 벗어나 살아온 것을 용서해 주시고, 오직 주 안에서 선과 정의의 편에서 살게 하소서.

예수 그리스도의 이름으로 기도합니다. 아멘

선행을 배우며 정의를 구하며 학대 받는 자를 도와주며 고아를 위하여 신원하며 과부를 위하여 변호하라 하셨느니라 (이사야 1장 17절)

034 말씀대로 살기 위한 기도(2)

말씀으로 천지를 지으신 주여, 저에게 영생을 얻게 하시려고 주의 말씀을 주신 것을 감사합니다. 제가 어디에서 구원에 이르는 지혜를 얻겠습니까? 이 은혜와 복을 누릴 때마다 말씀을 주신 주께 영광과 감사를 드립니다. 저의 후손들도 어려서부터 성경을 알게 하는 복을 누리게 하소서. 말씀을 늘 묵상하고 그 말씀에 순종하는 삶을 살게 하소서. 주를 따르는 것이 어렵고 힘들지라도 즐거움으로 그 길을 따라가게 하소서.

주여, 아모스 선지자가 말한 것처럼 이 시대는 양식이 없어 주림이 아니요, 물이 없어서 갈함이 아니라 여호와의 말씀을 듣지 못한 기갈이 있습니다. 이 시대를 사는 제가 주의 말씀을 많이 읽게 하시고, 많이 듣게 하셔서 읽고 들은 주의 말씀대로 살게 하소서. 루디아가 마음을 열어 바울의 말을 청종했던 것처럼, 베뢰아 사람들이 간절한 마음으로 말씀을 받은 것처럼, 고넬료가 베드로를 초청하여 주께서 명하신 모든 것을 듣고자 했던 것처럼 저도 주의 말씀을 청종하는 사람이 되게 하소서.

예수 그리스도의 이름으로 기도합니다. 아멘

––◆◆–––

주 여호와의 말씀이니라 보라 날이 이를지라 내가 기근을 땅에 보내리니 양식이 없어 주림이 아니며 물이 없어 갈함이 아니요 여호와의 말씀을 듣지 못한 기갈이라 (아모스 8장 11절)

035 말씀대로 살기 위한 기도(3)

주여, 주의 말씀을 상황에 따라 가려서 들었던 죄를 용서해 주소서. 제 주관대로 예단하여 주의 말씀을 절반만 들었고, 판단하면서 들었던 죄를 용서해 주소서. 말씀의 맛이 꿀보다 더 달다고 고백한 시인처럼, 음식을 먹는 것보다 주의 말씀을 더 사랑한다고 했던 예레미야처럼 말씀을 사랑하는 사람이 되게 하소서. 영생의 말씀이 주께 있는데, 우리가 누구에게 가겠느냐고 했던 베드로처럼 저도 영생의 말씀에서 떠나지 않게 하소서.

주여, 예레미야 선지자가 말한 대로 불같은 말씀을 통하여 저의 정욕을 태워주시고, 방망이 같은 주의 말씀으로 저를 때려 회개에 이르게 하소서. 예리한 검과 같은 말씀으로 제 안에 숨은 죄악을 도려내어 치유해 주소서. 저의 삶이 시냇가에 심은 나무처럼 시절을 좇아 풍성한 과실을 맺게 하소서. 물이 바다 덮음 같이 주의 말씀이 이 땅에 가득하게 하소서.

예수님의 이름으로 기도합니다. 아멘

―――――◆◆◆―――――

하나님의 말씀은 살아 있고 활력이 있어 좌우에 날선 어떤 검보다도 예리하여 혼과 영과 및 관절과 골수를 찔러 쪼개기까지 하며 또 마음의 생각과 뜻을 판단하나니 (히브리서 4장 12절)

036 주의 말씀을 사모하는 기도

우주만물을 말씀으로 창조하신 주여, 주의 말씀은 지금도 여전히 인간에게 생명을 주시며, 믿는 자에게 거룩한 삶을 살아가도록 역사하시는 것을 믿습니다. 거룩한 주의 말씀이 저의 생명과 능력이 되는 줄 알면서도 저의 지혜와 경험에 의존하는 어리석음을 용서해 주소서. 주의 말씀이 저의 생각을 지배하시고, 저의 행실을 다스리게 하소서.

주여, 제 마음속에 원망과 미움, 다툼이 생길 때마다 사랑과 용서로 다스리게 하소서. 어리석고 누추한 자리에서는 담대히 일어설 수 있는 용기와 힘을 주소서. 인간의 이기주의와 탐욕이 저의 양심을 지배하지 않게 도우시고, 때 묻은 저의 관념이나 습성으로 인해 이웃에게 누를 끼치지 않도록 주의 말씀으로 날마다 권고해 주소서.

주 예수 그리스도의 이름으로 기도합니다. 아멘

그러나 너는 배우고 확신한 일에 거하라 너는 네가 누구에게서 배운 것을 알며 또 어려서부터 성경을 알았나니 성경은 능히 너로 하여금 그리스도 예수 안에 있는 믿음으로 말미암아 구원에 이르는 지혜가 있게 하느니라 모든 성경은 하나님의 감동으로 된 것으로 교훈과 책망과 바르게 함과 의로 교육하기에 유익하니 이는 하나님의 사람으로 온전하게 하며 모든 선한 일을 행할 능력을 갖추게 하려 함이라 (디모데후서 3장 14절-17절)

037 충성스러운 일꾼이 되기 위한 기도

주여, 주의 창조질서에 따라 주신 이 아침에 제 마음이 새벽이슬같이 깨끗해져서 전능자의 사랑을 사모하게 하소서. 저를 향한 주의 측량할 수 없는 사랑으로 인하여 주를 찬양합니다. 주께서는 저를 사랑하여 죄악에서, 사망의 권세에서 건지시려고 독생자를 보내주셨고, 십자가를 통하여 구속하시고, 그 큰 사랑을 인하여 아바 아버지라고 부르게 하시는 자녀의 특권도 누리게 하셨습니다. 저를 푸른 풀밭과 쉴만한 물가로 인도하실 뿐 아니라 사망의 음침한 골짜기로 다닐 때에도 저를 보호하여 주시니 감사합니다.

주여, 그 크신 주의 사랑을 받은 제가 세상에서 소금과 빛이 되게 하시고, 한 알의 밀알로서 주의 발자취를 따라가는 충성스러운 일꾼이 되게 하소서. 저도 그 사랑으로 충만해져서 생명의 복음을 증거하는 청지기가 되게 하소서. 저에게 주어진 시간들을 아름답게 사용하게 하시고, 주의 거룩한 뜻을 이뤄드리는 성숙한 자녀가 되게 하소서.

예수 그리스도의 이름으로 기도합니다. 아멘

여호와는 나의 목자시니 내게 부족함이 없으리로다 그가 나를 푸른 풀밭에 누이시며 쉴 만한 물 가로 인도하시는도다 (시편 23편 1절-2절)

038 주의 말씀으로 다스려지는 세상을 위한 기도(1)

태초에 말씀으로 천지만물을 창조하신 주여, 저를 주의 형상으로 창조하셔서 그 거룩한 뜻을 따라 살게 하신 창조주를 찬양합니다. 주의 말씀을 거역한 저는 저주를 받아야 마땅하지만 독생자를 보내시고 십자가의 보혈과 사랑을 통하여 주의 자녀로 삼아주셨습니다. 이스라엘 백성들이 애굽에서 해방되어 험악한 광야의 길을 갈 때에 저들의 길을 불기둥과 구름기둥으로 인도하셨듯이 주의 말씀으로 저의 앞길을 비춰주소서.

주여, 저는 주를 사랑하면서도 베드로처럼 풍랑이 일 때 물속에 빠질 때가 많습니다. 주께서는 풍랑을 다스리시며, 홍해와 요단강도 건너게 하시며, 여리고 성을 무너뜨리기도 하셨습니다. 저도 주의 말씀에 의지하여 승리하는 믿음을 갖게 하소서. 각 시대를 통하여 말씀으로 인도하신 주여, 저에게 주의 음성을 듣게 하시고, 갈 길을 바로 알아 진리의 길에서 벗어나지 않게 인도하소서. 날마다 주의 말씀으로 새롭게 조명해 주셔서 저의 생각과 행위를 다스려 주소서.

예수 그리스도의 이름으로 기도합니다. 아멘

아브람이 구십구 세 때에 여호와께서 아브람에게 나타나서 그에게 이르시되 나는 전능한 하나님이라 너는 내 앞에서 행하여 완전하라 (창세기 17장 1절)

039 주의 말씀으로 다스려지는 세상을 위한 기도(2)

주여, '네 길을 여호와께 맡기라'는 시편 말씀대로 저의 모든 것을 주께 맡기고, 오직 주의 말씀에 순종하기를 원합니다. 그리스도인으로서 그리스도와 함께 그리스도를 위하여 살아가게 하소서. 제가 주의 말씀으로 이 시대의 어두움을 몰아내게 하시고, 좌절과 절망, 불행을 물리치게 도우소서. 주께서 십자가에서 보여주신 그 크신 사랑과 은총을 알 수 있도록 마음의 문과 영적인 눈을 열어 주소서. 급변하는 세상에서 승리할 수 있도록 불변의 진리인 주의 말씀으로 든든히 무장하게 하소서.

주여, 살아 있는 주의 말씀이 저를 주장하게 하소서. 무엇을 먹을까, 무엇을 마실까, 무엇을 입을까를 염려하는 불신앙을 버리게 하소서. 제가 거듭난 것은 썩어질 씨로 된 것이 아니요, 썩지 않을 씨, 곧 살아있고 항상 있는 주의 말씀으로 된 것임을 날마다 고백하게 하소서. 저를 주의 말씀으로 다스려 주셔서 저를 깨끗하게 해주시고, 맡겨주신 사명을 잘 감당할 만한 능력을 주소서.

예수 그리스도의 이름으로 기도합니다. 아멘

너희가 거듭난 것은 썩어질 씨로 된 것이 아니요 썩지 아니할 씨로 된 것이니 살아 있고 항상 있는 하나님의 말씀으로 되었느니라 (베드로전서 1장 23절)

040 심은 대로 거두는 은총을 묵상하는 기도

주여, 심은 대로 거두게 하시는 주의 섭리와 은총을 묵상합니다. 심는 수고를 아끼면서 많은 것을 거두려는 저의 악한 마음을 용서해 주소서. 소담스럽게 익은 열매는 모진 비바람을 견디었고, 태양의 생명기운을 입은 은총인데, 생명의 근원이신 주의 숨결이 그 안에 있다는 것을 알아차리지 못한 저를 용서해 주소서.

주여, 심은 대로 거두는 법이라고 선언하신 주의 말씀을 묵상합니다. 원인 없는 결과가 있을 수 없는데, 열매를 거두기 전에 심은 자의 수고를 기억하게 하소서. 꽃잎으로 피기까지 시들어 떨어진 꽃잎도 있었던 것을 기억하게 하소서. 새벽마다, 교회마다 회개하는 자들의 기도가 생명의 씨앗으로 심어져 움트고 있음을 믿습니다. 골고다에서 죽임을 당하신 주께서 다시 살아나 부활영광으로 피어날 것으로 믿습니다.

예수 그리스도의 이름으로 기도합니다. 아멘

스스로 속이지 말라 하나님은 업신여김을 받지 아니하시나니 사람이 무엇으로 심든지 그대로 거두리라 자기의 육체를 위하여 심는 자는 육체로부터 썩어질 것을 거두고 성령을 위하여 심는 자는 성령으로부터 영생을 거두리라 (갈라디아서 6장 7절–8절)

041 주의 세미한 음성을 듣기 위한 기도

주여, 조용히 말씀하시는 주의 음성을 듣기 원합니다. 먼저 제 양심에서 우러나오는 소리에 진지한 태도를 갖게 하소서. 형제와 이웃을 통하여 위로해 주시는 주의 사랑을 깨닫게 하소서. 육신의 소욕을 좇지 말게 하시고, 성령의 소욕을 따라 살게 하소서. 성령이 주시는 대로 생각하며, 살아가게 하소서. 주께서 주시는 평안을 경험하게 하시는 주의 동정어린 눈빛을 볼 수 있게 하소서.

주여, 주께서 '용서하라' 명령하실 때 내키지 않더라도 순종하여 용서하게 하소서. 주의 손길이 필요한 영혼을 만날 때 외면하지 않게 하소서. 그 영혼 속에서 함께 괴로워하시는 주가 계신 것을 볼 수 있게 하소서. 어두운 눈을 밝게 하시고, 물리적 소리에 익숙한 저의 귀가 열려 신령한 소리로 부르시는 주의 음성을 듣게 하소서.

예수 그리스도의 이름으로 기도합니다. 아멘

육신을 따르는 자는 육신의 일을, 영을 따르는 자는 영의 일을 생각하나니 육신의 생각은 사망이요 영의 생각은 생명과 평안이니라 (로마서 8장 5절-6절)

화평

승리

새 힘

연약함

열매

제자

042 화평을 이루기 위한 기도(1)

주여, 지난밤 주의 품 안에서 쉼을 얻게 하시고, 이른 아침에 깨워 주와 더불어 대화하게 하시니 감사합니다. 이 아침에 저의 평안함에 만족하지 않게 하시고, 지금의 제가 있기까지 수없이 많은 사람들이 흘렸을 눈물과 땀, 사랑과 희생을 생각하게 하소서. 저를 둘러싼 모든 것을 감사함으로 받아들이게 하시고, 제 앞에 닥친 걱정과 염려에 급급해 불평과 원망을 품고 살아온 지난날의 부끄러움을 용서해 주소서.

주여, 제가 이웃을 행복하게 하는 화평자로 살기를 원합니다. 제가 무심코 던진 말 한 마디 때문에 밤잠을 이루지 못한 사람은 없는지, 제 이익 때문에 손해를 보고 눈물짓는 사람은 없는지 돌아보게 하소서. 새 아침을 여는 이 시간에 화평자로 살지 못한 지난날을 생각나게 하시고, 회개하여 용서 받고, 새 출발하게 하소서.

화평자로 오신 예수님의 이름으로 기도합니다. 아멘

화평하게 하는 자는 복이 있나니 그들이 하나님의 아들이라 일컬음을 받을 것임이요 (마태복음 5장 9절)

043 화평을 이루기 위한 기도(2)

주여, 제가 편히 잠들어 있을 동안에도 쉬지 못하고, 이름도 없이 빛도 없이 삶의 곳곳에서 수고하고 애쓴 모든 이들에게 은총을 내리소서. 이웃을 위해 일하는 사람들의 수고가 그들의 삶에도 보람과 기쁨으로 변하게 하소서. 주님 한 분의 순종하심으로 많은 사람이 의인이 되리라고 하신 말씀처럼 '나' 한 사람의 희생과 헌신으로 모두를 유익하게 하는 소금이 되게 하소서. '나' 한 사람의 바른 생각과 행동으로 모두가 밝아지는 빛이 되게 하소서.

주여, 오늘 하루 제가 가는 길을 인도하시고, 제 삶을 붙들어 주소서. 내가 사는 것이 '나' 한 사람의 삶으로 끝나는 것이 아니라 모든 이웃의 삶과도 연결돼 있다는 것을 잊지 않게 하소서. 주와 동행하는 주의 자녀로서 어디를 가든지 무엇을 하든지 주의 신실함을 나타내게 하소서. 다툼이 있는 둘을 하나로 만들고, 막힌 담을 헐게 하는 화평의 사도가 되게 하소서.

예수 그리스도의 이름으로 기도합니다. 아멘

―――◦◆◦―――

그는 우리의 화평이신지라 둘로 하나를 만드사 원수 된 것 곧 중간에 막힌 담을 자기 육체로 허시고 법조문으로 된 계명의 율법을 폐하셨으니 이는 이 둘로 자기 안에서 한 새사람을 지어 화평하게 하시고 (에베소서 2장 14절-15절)

044 악과의 전쟁에서 승리하기 위한 기도(1)

주여, 주가 이 땅에 오심은 온세상의 기쁨이요, 즐거움입니다. 주의 오심은 선으로 악을 물리치는 것입니다. 높은 자리에서 낮은 곳으로 내려와야 한다는 삶의 새로운 가치입니다. 그러나 저와 이 땅을 돌아보면 부끄러울 뿐입니다. 수많은 부조리에 휩싸여 불의가 정의의 자리를 대신하고, 부정한 것이 큰소리를 내는 현실에 살고 있습니다. 저를 에워싸고 있는 수많은 이웃은 아픔과 고통에 절규하고 있으나 저는 아무런 느낌도 갖지 못하고 있습니다. 애써 외면했던 저를 용서하소서.

주여, 저를 불러내는 달콤한 유혹에 속수무책으로 끌려가 쉽게 무릎 꿇고 마는 믿음 없음을 용서해 주소서. 이미 도끼가 나무뿌리에 놓였는데도 알아차리지 못한 우둔함을 용서하소서. 좋은 열매를 맺지 않은 나무마다 찍혀 불에 던져질 것이라는 세례 요한의 외침을 두렵고 떨리는 마음으로 듣게 하소서. 악한 것들과 대적하여 싸울 때마다 승리하게 하소서.

예수 그리스도의 이름으로 기도합니다. 아멘

이미 도끼가 나무 뿌리에 놓였으니 좋은 열매를 맺지 아니하는 나무마다 찍혀 불에 던져지리라 (마태복음 3장 10절)

045 악과의 전쟁에서 승리하기 위한 기도(2)

생명의 주여, 세상의 불의와 죄악에 대항할 힘을 잃어버린 저에게 생기를 주소서. 맑고 깨끗한 심령으로 거듭나게 하시고, 이기적인 욕심과 탐욕의 쇠사슬에서 풀려나게 하소서. 대신 의로움과 진실함으로 자유를 누리게 하소서. 제가 현실 만족을 추구하지 않게 하시고, 하늘나라를 바라보는 희망의 사람이 되게 하소서.

주여, 제가 주의 진리 안에 살게 하소서. 기적과 표적을 앞세우고, 천사의 모습으로 저를 미혹하는 악의 무리를 분별하게 하소서. 인생의 행복과 즐거움을 앞세우고, 불법과 비리를 정당화하는 악의 세력을 물리치게 하소서. 화려하게 포장된 거짓 가치에 속지 않게 하시고, 주의 거룩한 백성인 것을 자랑하게 하소서.

예수 그리스도의 이름으로 기도합니다. 아멘

내가 내 자녀들이 진리 안에서 행한다 함을 듣는 것보다 더 기쁜 일이 없도다
(요한삼서 1장 4절)

046 새 힘을 구하는 기도

　주여, 오늘도 해야 할 일이 많습니다. 제가 일하기에 부족함이 없이 풍부한 여건을 주시고, 걸어가는 길에 놓인 올무들은 사라지게 하소서. 십자가의 능력으로 죄를 용서받았으니 저도 저의 용서를 기다리는 사람은 누구인지 찾아가 용서함으로써 믿는 자의 빛을 나타내게 하소서.

　주여, 이 나라에도 새 힘을 주셔서 주께서 지키시는 든든한 나라로 성장, 발전하게 도우소서. 주를 경외하는 자들에게도 새로운 일을 추진할 수 있는 힘을 주셔서 주께서 기뻐하시는 나라와 민족, 교회를 이루게 하소서. 특히 그리스도를 믿는 참신앙에 굳게 서게 하시고, 믿음 소망 사랑의 삶을 살아가도록 새 힘을 더해 주소서. 주께서 십자가에서 죽으심으로 인해 저에게는 구원의 능력이 된 것을 믿습니다. 십자가 신앙을 든든히 붙잡고 승리하게 하소서.

　저희를 죄악에서 구원하신 예수님의 이름으로 기도합니다. 아멘

야곱아 어찌하여 네가 말하며 이스라엘아 네가 이르기를 내 길은 여호와께 숨겨졌으며 내 송사는 내 하나님에게서 벗어난다 하느냐 너는 알지 못하였느냐 듣지 못하였느냐 영원하신 하나님 여호와, 땅 끝까지 창조하신이는 피곤하지 않으시며 곤비하지 않으시며 명철이 한이 없으시며 피곤한 자에게는 능력을 주시며 무능한 자에게는 힘을 더하시나니 소년이라도 피곤하며 곤비하며 장정이라도 넘어지며 쓰러지되 오직 여호와를 앙망하는 자는 새 힘을 얻으리니 독수리가 날개 치며 올라감 같을 것이요 달음박질하여도 곤비하지 아니하겠고 걸어가도 피곤하지 아니하리로다 (이사야 40장 27절-31절)

047 세상을 이길 수 있는 힘을 구하는 기도

저의 출입을 지키시며, 인도하시는 주여, 숨 쉬는 순간마다 붙들어 주시고, 주의 자녀로서 주와 영적 교제를 쉬지 않게 하소서. 저를 사랑하여 예수 그리스도를 보내어 주시고 십자가의 보배로운 피로 값 주고 사셨는데, 저는 스스로 주인행세를 하며 사는 완악한 죄인일 뿐입니다. 저의 죄와 허물을 용서해 주시고, 주만 의지하고 살아갈 수 있도록 힘을 주소서.

주여, 믿는 자들의 본이 되시는 주께 구합니다. 저는 주께 순종하지 않아서 은혜의 깊은 맛을 체험하지 못했습니다. 확신도 없어 늘 넘어지고, 흔들리며 요동하는 존재입니다. 주께서는 오래 참고 기다리시는데, 저는 오래 참지 못하고, 인내하지 못하여 순간마다 의심하고 좌절합니다. 주여, 악하고 어지러운 시대에 온전한 신앙을 지키며 살아가기 힘든 저를 내버려두지 마소서. 주의 손으로 붙들어 주시고, 세상을 이길 수 있는 힘을 주소서.

세상을 이기신 예수님의 이름으로 기도합니다. 아멘

여호와를 경외함이 지혜의 근본이라 그의 계명을 지키는 자는 다 훌륭한 지각을 가진 자이니 여호와를 찬양함이 영원히 계속되리로다 (시편 111편 10절)

048 연약해질 때의 기도(1)

주여, 저는 연약하여 하루에도 몇 번씩 넘어지는 존재입니다. 아침에 결심했던 일을 저녁까지 지키지 못한 것을 고백합니다. 주를 의지하고 사랑한다는 다짐도 약간의 시험과 풍파가 있으면 주를 망각해 버리고 맙니다. 주여, 저를 불쌍히 여기소서.

주여, 저는 없어질 재물과 사람들을 의지하며 살아왔습니다. 재물을 잃으면 모든 것이 없어진 것처럼 생각해 낙담하고 좌절합니다. 친구가 배반하면 생의 의미마저 상실할 정도로 연약한 인생입니다. 주여, 저에게 힘을 더해 주소서. 재물에 생명을 걸지 않게 하시고, 사람을 사랑하되 너무 의지하지 않게 하소서. 땅의 것이 다 변하고 묵어진다고 하더라도 주를 사랑하는 마음은 변치 않게 하셔서 믿음을 굳게 지키게 하소서.

예수 그리스도의 이름으로 기도합니다. 아멘

여호와의 천사가 또 다시 와서 어루만지며 이르되 일어나 먹으라 네가 갈 길을 다 가지 못할까 하노라 하는지라 이에 일어나 먹고 마시고 그 음식물의 힘을 의지하여 사십 주 사십 야를 가서 하나님의 산 호렙에 이르니라 (열왕기상 19장 7절-8절)

049 연약해질 때의 기도(2)

주여, 연약할 때 주를 바라보게 하소서. 낙담하고 좌절할 때 주의 손을 붙잡게 하소서. 세상과 연결된 모든 끈이 끊어져도 주와 연결된 끈은 끝까지 끊어지지 않게 도우소서. 고난이 오고 슬픔이 와도 저의 마음은 한결같이 주를 사모하게 하소서. 넘어지고 또 넘어질지라도 다시금 일어나 주를 부르며, 애원하는 자가 되게 하소서.

주여, 저는 질그릇같이 연약한 존재입니다. 잘못하면 상하고, 깨어지기 쉽습니다. 주께서 공급해 주시는 힘으로 마지막까지 견디고, 제 심령이 부서지지 않게 하소서. 세상이 다 변하고 친구가 떠날지라도 주를 사랑하는 마음은 세상 끝날까지 여전하게 하소서. 이 열망하는 마음을 주께서 아십니다. 주의 강한 손으로 붙드소서.

예수 그리스도의 이름으로 기도합니다. 아멘

우리가 이 보배를 질그릇에 가졌으니 이는 심히 큰 능력은 하나님께 있고 우리에게 있지 아니함을 알게 하려 함이라 (고린도후서 4장 7절)

050 믿음이 연약할 때의 기도

믿음이 없이는 주를 기쁘시게 할 수 없다고 하신 주여, 연약한 믿음으로 인하여 간구합니다. 저도 주가 사랑하실 만한 믿음을 갖기를 원합니다. 믿음은 들음에서 나고, 들음은 그리스도의 말씀으로 말미암아 생기듯이 복음을 들을 때 믿음도 성장하는 줄 믿습니다. 믿음이 연약한 저희를 긍휼히 보소서. 믿음이 성숙하지 못한 채 머물러 있는 안타까운 저의 심정을 헤아려 주소서. 주를 믿고 의지하며 일평생 살기를 원하지만 세상의 미풍에도 넘어지고 마는 연약함을 돌아보소서.

주여, 아브라함은 오직 주 한 분만을 믿어 믿음의 조상이 된 것처럼 저도 아브라함과 같은 믿음의 사람이 되기를 원합니다. 어린 아이가 성장하듯 저의 신앙 역시 그리스도의 장성한 분량에 이르기까지 자라나게 하소서. 믿는 것과 아는 것이 하나를 이루어 온전한 사람이 되게 하소서.

예수 그리스도의 이름으로 기도합니다. 아멘

―――――◆――――

그러므로 믿음은 들음에서 나며 들음은 그리스도의 말씀으로 말미암았느니라 (로마서 10장 17절)

우리가 다 하나님의 아들을 믿는 것과 아는 일에 하나가 되어 온전한 사람을 이루어 그리스도의 장성한 분량이 충만한 데까지 이르리니 (에베소서 4장 13절)

051 열매 맺는 신앙을 위한 기도(1)

참 포도나무이신 주여, 가을에는 열매를 맺게 하소서. 무화과나무를 심어놓고 3년이나 기다리신 주께서는 이른 아침에 이슬을 젖히며 그 열매를 찾으십니다. 오래 기다리신 주께서는 저에게서도 열매를 찾고 계신 줄 압니다. 주의 기다리심은 막연한 기다림이 아니라 그동안 심고, 가꾸고, 물주면서 열매 맺도록 정성을 다하신 기다림이시기에 추수의 계절인 지금 더욱 긴장하지 않을 수 없음을 고백합니다.

열매 맺지 않은 나무마다 찍혀 불에 던져진다고 하신 주여, 이 가을에는 열매를 맺게 하소서. 먼저 회개에 합당한 열매 맺기를 원합니다. 입술로는 주여, 주여 하면서도 은밀하게 죄를 반복 재생하는 저를 용서해 주소서. 겨우 뉘우치기(悔)만 할 뿐 정작 고치기(改)가 없습니다. 가룟 유다처럼 후회로만 끝날 것이 아니라 베드로처럼 밖에 나가 심히 통곡하며 돌이키는 자가 되게 하소서. '내가 여호와께 죄를 범하였노라'고 한 다윗의 고백이 저의 고백이 되게 하소서.

예수 그리스도의 이름으로 기도합니다. 아멘

━━━━◦◆◦━━━━

나더러 주여 주여 하는 자마다 다 천국에 들어갈 것이 아니요 다만 하늘에 계신 내 아버지의 뜻대로 행하는 자라야 들어가리라 (마태복음 7장 21절)

052 열매 맺는 신앙을 위한 기도(2)

주여, 저에게 입술의 열매를 주소서. 감사의 말을 하게 하소서. 찬양의 열매를 주셔서 시와 찬미와 신령한 노래를 부르게 하소서. 한 영혼을 전도하여 구원을 얻게 하는 전도의 열매도 맺게 하소서.

주여, 아홉 가지 성령의 열매를 구합니다. 사랑과 희락, 화평, 오래 참음, 자비, 양선, 충성, 온유, 절제의 열매를 주소서. 이삭이 농사하여 백 배의 열매를 얻었듯이, 또 한 농부가 백 배, 육십 배, 삼십 배의 열매를 얻었듯이 저에게도 백 배의 열매, 최소한 삼십 배의 열매를 주소서.

주여, 열매를 구하기 전에 먼저 심는 열심히 있게 하소서. 심지 않은 데서 거둘 수 없다는 것을 깨닫게 하소서. 양대로 거두는 것이 법칙이니 심을 수 있을 때 많이 심게 하소서. 질대로 거두는 것이 법칙이니 많이 심되 좋은 것으로 심게 하소서. 다만 저의 욕심으로 구하지 않게 하소서.

예수 그리스도의 이름으로 기도합니다. 아멘

━━━◆◆◆◆━━━

이삭이 그 땅에서 농사하여 그 해에 백 배나 얻었고 여호와께서 복을 주시므로 그 사람이 창대하고 왕성하여 마침내 거부가 되어 (창세기 26장 12절-13절)

오직 성령의 열매는 사랑과 희락과 화평과 오래 참음과 자비와 양선과 충성과 온유와 절제니 이같은 것을 금지할 법이 없느니라 (갈라디아서 5장 22절-23절)

053 선택의 기로에서 드리는 기도

날마다 새롭게 하시는 주여, 인생에서 만나는 수많은 선택의 기로에 서 있을 때 지혜롭게 결단할 수 있도록 늘 깨어 있게 하소서. 지난날의 습관대로 선택하지 않고, 마음을 새롭게 함으로 변화를 받아 하나님의 선하시고 기뻐하시고 온전하신 뜻이 무엇인지 분별하여 선택하게 하소서. 나그네 인생이라고 해서 시간을 허비하지 않게 하시고, 순례자이지만 주의 선한 청지기로 살게 하소서.

존귀하신 주여, 보이는 것은 나타난 것으로 말미암은 것이 아니니 보이는 것만으로 선택하지 않게 하시고, 보이지 않는 것과 나타나지 않는 것일지라도 주의 창조섭리 안에 우주의 질서가 있다는 것을 확신하게 하소서. 천지만물이 다 주의 말씀으로 지어졌으니 저 또한 주의 말씀에 순종하며 선택하게 하소서. 서로 오해해 미워하고 원망하며 지냈던 것에서 돌이켜 사랑과 관용, 이해를 선택하게 하소서.

제 심령 가운데 말씀으로 찾아오시는 주여, 가정윤리와 사회윤리가 무너져 내릴 때 주의 말씀을 기준 삼게 하시고, 병든 사회를 치유하고 악한 세력을 대적하는 십자가의 군병이 되게 하소서. 삶의 현장에서 직면하는 수많은 선택의 기로에서 신앙적 결단으로 승리하게 하셔서 주의 평화를 누리게 하소서.

주 예수 그리스도의 이름으로 기도합니다. 아멘

———◆———

믿음은 바라는 것들의 실상이요 보이지 않는 것들의 증거니 선진들이 이로써 증거를 얻었느니라 믿음으로 모든 세계가 하나님의 말씀으로 지어진 줄을 우리가 아나니 보이는 것은 나타난 것으로 말미암아 된 것이 아니니라 (히브리서 11장 1절–3절)

054 주를 본받기 위한 기도(1)

독생자 예수 그리스도를 보내주신 주여, 죄와 허물을 사하여 주신 은혜를 감사합니다. 모든 영광과 존귀 대신 종의 형상을 입으시고 스스로 낮아지신 주를 본받아 저도 겸손으로 허리를 동이게 하소서. 제 마음이 이해타산을 좇지 않게 하시고, 다른 사람의 상처를 외면하지 않게 주장해 주소서.

'너는 나를 좇으라'고 말씀하신 주여, 불신앙과 불순종으로 죽을 수밖에 없는 저에게 오소서. 혼돈과 무질서로 인해 스스로 멸망할 수밖에 없는 저에게 오소서. 믿음의 눈을 뜨게 하셔서 주의 사랑을 깨닫게 하시고, 주 안에서 산소망을 가질 수 있도록 인도해 주소서. 주를 본받는 자로서 예수의 사랑을 배우게 하시고 그 사랑을 이웃에게 나누는 넉넉한 마음을 갖게 하소서.

저에게 빛이라, 소금이라 말씀하신 주여, 믿음의 타성에 빠지지 않게 도우소서. 늘 깨어 있어 빛으로, 소금으로 살게 하소서. 험악한 세상을 이길 힘은 오직 하늘로부터 임하는 줄 믿습니다. 날마다 신령한 말씀을 사모하고, 그리스도를 본받는 자로 세워 주소서. 주께서 거룩하신 것 같이 저도 거룩하게 하소서.

주 예수 그리스도의 이름으로 기도합니다. 아멘

———•◆•———

마음을 같이 하여 같은 사랑을 가지고 뜻을 합하며 한 마음을 품어 아무 일에든지 다툼이나 허영으로 하지 말고 오직 겸손한 마음으로 각각 자기보다 남을 낫게 여기고 각각 자기 일을 돌볼 뿐더러 또한 각각 다른 사람들의 일을 돌보아 나의 기쁨을 충만하게 하라 너희 안에 이 마음을 품으라 곧 그리스도 예수의 마음이니 (빌립보서 2장 2절–5절)

055 주를 본받기 위한 기도(2)

밝은 빛으로 오셔서 어두움을 물리치고 죽음을 이기신 주여, 저도 주를 본받아 어둠의 세력을 물리치고 승리할 수 있도록 도우소서. 저를 불러 그리스도 예수 안에서 선한 일을 위하여 지으심을 받은 자가 되게 하셨지만 저는 주를 본받는 자가 되지 못하고, 세상을 본받아 산 것을 용서해 주소서. 모든 언행에서 수시로 주를 십자가에 못박았던 죄를 용서해 주소서.

주여, 주는 제 믿음의 주시요, 저를 온전케 하시는 분이시니 주만 바라보게 하소서. 주의 마음을 품고, 주의 마음을 본받는 자 되게 하소서. 주께로 가서 주의 온유하고, 겸손한 마음을 배운 대로 섬기는 자가 되게 하소서. 주께서 저를 사랑한 것같이 서로 사랑하여 주의 제자인 것을 모든 사람에게 증거하게 하소서. 가는 길이 거칠고 험하여도 불평하지 않고 십자가 고난을 즐겁게 질 수 있도록 도와주소서. 빛으로 오신 주님처럼 죄악으로 물든 세상을 밝게 비추는 작은 촛불이 되게 하소서. 그리스도를 본받아 살게 하소서.

주 예수 그리스도의 이름으로 기도합니다. 아멘

— ◆ —

믿음의 주요 또 온전하게 하시는 이인 예수를 바라보자 그는 그 앞에 있는 기쁨을 위하여 십자가를 참으사 부끄러움을 개의치 아니하시더니 하나님 보좌 우편에 앉으셨느니라 (히브리서 12장 2절)

056 주를 본받기 위한 기도(3)

주여, 주께서 누우셨던 마구간으로 인도하던 별을 떠올립니다. 주가 주신 세상으로 새 출발하는 거룩한 이 시간, 낮고 천한 곳에 오셔서 겸손을 가르치신 주를 본받게 하소서. 제자들의 발을 씻어주심으로 보여주신 섬김의 길을 저도 걷게 하소서.

주여, 제가 아버지의 뜻하시는 일에 헌신하게 하소서. 저의 모든 생각과 행실이 오직 아버지의 영광을 위하게 하소서. 저를 도구로 삼아 이 땅에 주의 나라가 이뤄지게 하시고, 사랑과 평화의 동산이 되게 하소서.

주여, 죽음 앞에서도 흔들림 없이 오로지 아버지의 뜻을 이루신 순종의 삶을 저도 살게 하소서. 죽음으로써 다시 사는 삶의 비밀을 알게 하신 주여, 제가 믿음 안에서 승리하는 부활의 증인이 되게 하소서.

그리스도이신 예수님의 이름으로 기도합니다. 아멘

만물보다 거짓되고 심히 부패한 것은 마음이라 누가 능히 이를 알리요마는 나 여호와는 심장을 살피며 폐부를 시험하고 각각 그의 행위와 그의 행실대로 보응하나니 (예레미야 17장 9절-10절)

십자가

말

두려움

지혜

영광

복음

선교

057 십자가 신앙을 위한 기도

간밤에도 제 심장을 뛰게 하신 주여, 만물을 접촉하기 전 십자가의 은혜를 사모하는 기도로 주께 간구합니다. '십자가의 도가 멸망하는 자들에게는 미련한 것이요, 구원을 받는 우리에게는 하나님의 능력이라'고 했으니 이 능력의 십자가를 붙들어 살게 하소서.

'누구든지 나를 따라오려거든 자기를 부인하고 자기 십자가를 지고 나를 따를 것이니라'고 말씀하신 주여, 저에게 주어진 십자가가 무겁다고 멀리하지 않게 하시고, 힘들다고 벗어버리지 않게 하소서. 주의 분부대로 사도 바울처럼 주의 십자가를 자랑할 만한 큰 믿음을 주소서.

주여, 옛적의 일은 자랑하면서도 십자가는 자랑하지 못했습니다. 주여, 입술에만 있어 말로만 내뱉는 십자가 자랑이 아니라 십자가의 도를 실천하는 십자가 자랑이 되게 하소서.

예수 그리스도의 이름으로 기도합니다. 아멘

―――・◆・―――

나는 포도나무요 너희는 가지라 그가 내 안에, 내가 그 안에 거하면 사람
이 열매를 많이 맺나니 나를 떠나서는 너희가 아무 것도 할 수 없음이라
(요한복음 15장 5절)

058 말을 위한 기도(1)

주여, 제 입술에 파수꾼을 세워 주소서. 입이 백 개라도 주 앞에서는 유구무언일 수밖에 없는 죄인인데도 감사의 말보다는 원망의 말이 많았습니다. 칭찬하는 말에는 인색하고 비난의 말이 많았던 것을 주께서 아십니다. 자녀들의 가슴에 못 박는 말도 많았습니다. 훈훈한 말보다는 실망시키는 말이 많았습니다. 자신의 죄는 감추면서도 왜 남의 허물만 보고 말하는지 괴롭습니다.

주여, 샘은 한 구멍으로 쓴물과 단물을 내지 않는데, 저는 한 입으로 찬송하고 저주하며, 칭찬하고 저주를 쏟아냅니다. 주여, 제 혀를 주장해 주소서. 다정한 한마디 말이 힘을 준다는 것을 알면서도 비난의 한마디 말로 큰 상처를 입혔습니다. 주여, 정죄하는 말 한마디가 무섭다는 것을 깨달아 알게 하시고, 비난의 말보다는 격려의 말을 제 입술에 붙여 주소서. 오늘도 말 때문에 실수하지 않기를 원합니다. 주여, 제 입술에 파수꾼을 세워 주소서.

예수 그리스도의 이름으로 기도합니다. 아멘

끝으로 형제들아 무엇에든지 참되며 무엇에든지 경건하며 무엇에든지 옳으며 무엇에든지 정결하며 무엇에든지 사랑 받을 만하며 무엇에든지 칭찬 받을 만하며 무슨 덕이 있든지 무슨 기림이 있든지 이것들을 생각하라 (빌립보서 4장 8절)

059 말을 위한 기도(2)

주여, 죄 많고 부족한 저희에게 언어가 있어 말하게 하시고, 서로 의사와 감정을 소통하게 하시니 감사합니다. 제 입술로 주를 '아바 아버지'라 부를 수 있는 자녀의 기업을 주셔서 감사합니다. 그러나 제가 이 입술로 주께 영광을 돌리는 찬미의 제사를 드리지 못한 것을 용서하소서. 이 입술과 혀로 거짓말을 한 것, 이웃의 마음을 아프게 한 것, 거짓 증거한 것, 거짓 맹세한 것, 남을 욕하고 판단한 것을 고백합니다. 용서해 주소서.

주여, 제 입에 재갈을 물리고 굴레를 씌워서 잘 길들이게 하소서. 사도 야고보가 말한 대로 말은 큰 배를 움직이는 키와 같고 불과 같습니다. 저의 말이 덕스럽고 유익한 말, 감사와 축복의 언어가 되게 하소서. 주를 찬미하고 신령한 노래와 시로 주를 영화롭게 하는 입술이 되게 하소서.

예수 그리스도의 이름으로 기도합니다. 아멘

또 배를 보라 그렇게 크고 광풍에 밀려가는 것들을 지극히 작은 키로써 사공의 뜻대로 운행하나니 이와 같이 혀도 작은 지체로되 큰 것을 자랑하도다 보라 얼마나 작은 불이 얼마나 많은 나무를 태우는가 (야고보서 3장 4절-5절)

060 말을 위한 기도(3)

제 말을 듣고 계시는 주여, 제 입술의 모든 말이 주께 열납되기를 원합니다. 저의 입은 예수 그리스도를 증거하는 입술이니 허탄한 말이나 아첨하는 말을 하지 않게 도우소서. 두 마음을 품고 아첨하는 말로 순진한 자들의 마음을 미혹하지 않도록 저희의 마음과 생각을 지켜 주소서. 말이 많으면 허물을 가리기 힘들다 하였으니 항상 말에 조심하게 하소서. 말에 실수가 없으면 온전한 사람이라고 하였으니 늘 고상한 인격과 품성을 드러내는 말이 되게 하소서.

주여, 항상 듣기는 속히 하고 말하기는 더디 하는 자가 되게 하소서. 아름답고 부드러운 말, 때와 장소에 맞는 말을 하게 하소서. 실언하지 않도록 지켜 주셔서 주께는 영광이요 모든 사람 앞에는 덕을 세우게 하소서. 사람 앞에는 정직한 말로 담대히 선포하게 하시고, 주 앞에 숨길 수 있는 것은 하나도 없으니 죄를 낱낱이 고백하는 입술이 되게 하소서. 제 입술을 깨끗하게 하여 부정한 말을 제어하게 하소서.

예수 그리스도의 이름으로 기도합니다. 아멘

———◆———

내 사랑하는 형제들아 너희가 알지니 사람마다 듣기는 속히 하고 말하기는 더디
하며 성내기도 더디 하라 사람이 성내는 것이 하나님의 의를 이루지 못함이라
(야고보서 1장 19절–20절)

061 상처 주지 않는 말을 위한 기도

주여, 제가 말의 실수로 인해 남에게 상처를 주는 일이 많았던 것을 고백합니다. 야고보를 통해 사람이 다 실수가 많으니 만일 말에 실수가 없는 자면 곧 온전한 사람이라고 말씀하셨는데, 제 입술의 말이 남에게 상처를 주지 않게 하소서.

주여, 제 입술의 말이 남에게 무안을 주지 않게 하소서. 저의 뜻만을 주장하지 않게 도우시고, 상대방의 입장에 서서 말하게 하소서. 상처 받은 사람들을 위하여 오히려 제 입술의 말이 위로하게 하소서.

주여, 잠언을 통해 지혜 없는 자는 그 이웃을 멸시하나 명철한 자는 잠잠한다고 말씀하셨는데, 제가 지혜로운 자가 되어 이웃을 멸시하는 죄를 짓지 않게 하시고, 명철한 자가 되어 때로는 잠잠하게 하소서.

예수 그리스도의 이름으로 기도합니다. 아멘

우리가 다 실수가 많으니 만일 말에 실수가 없는 자라면 곧 온전한 사람이라 능히 온 몸도 굴레 씌우리라 (야고보서 3장 2절)

지혜 없는 자는 그의 이웃을 멸시하나 명철한 자는 잠잠하느니라 (잠언 11장 12절)

062 유순한 말을 위한 기도

주여, 제 입술에 파수꾼을 세워 주소서. 잠언을 통해 유순한 말은 분노를 쉬게 하여도 과격한 말은 노를 격동한다고 말씀하셨는데, 제 입술의 말이 유순하여 이웃의 마음을 잔잔케 하는 은혜를 주소서. 노하기를 더디하는 자는 용사보다 낫고, 자기의 마음을 다스리는 자는 성을 빼앗는 자보다 낫다고 하셨는데, 저희에게 마음을 다스리는 능력을 더해 주소서.

주여, 제 입술을 주의 입술로 사용하여 고통과 절망, 슬픔에 쌓인 자에게 힘과 용기, 희망을 주게 하소서. 제 입술을 주의 뜻대로 이끌어 주셔서 썩어가는 세상에서 소금이 되게 하시며, 어두워진 세상에서 참빛을 밝히게 하소서. 주께서 저희를 사랑하신 그 사랑을 전하는 입술이 되게 하소서. 주께서 저를 용서하신 그 용서를 선포하는 입술이 되게 하소서.

예수 그리스도의 이름으로 기도합니다. 아멘

———— ··◆·· ————

유순한 대답은 분노를 쉬게 하여도 과격한 말은 노를 격동하느니라 (잠언 15장 1절)

노하기를 더디하는 자는 용사보다 낫고 자기의 마음을 다스리는 자는 성을 빼앗는 자보다 나으니라 (잠언 16장 32절)

063 주의 뜻을 이루기 위한 기도

주여, 오늘도 주의 나라와 주의 뜻이 이 땅에서 이뤄지게 하소서. 주를 사랑하는 자, 곧 그 뜻대로 부르심을 입은 자들에게는 범사가 합력하여 선을 이룰 줄 믿습니다. 의와 진리의 편에 굳게 서서 선한 역사를 위하여 달려갈 길을 잘 달려가게 하소서. 이 땅에 복음이 전해져 예수를 구주로 영접하고 영원한 생명을 얻어 주의 자녀로서 복된 삶을 살게 하소서.

타락하고 부패한 사회상을 보시고 탄식하시는 주여, 매 위에 매를 청하는 저의 비참한 모습이 안쓰러워 눈물로 경고하시는 주의 말씀에 귀를 기울이게 하소서. 요나의 경고를 듣고 회개한 니느웨 사람들처럼 대통령과 위정자, 모든 국민들이 회개하고 돌이켜 새 역사를 이뤄가게 하소서. 모든 부조리와 죄악의 근원이 되는 제 마음 밭을 갈아엎으시고, 여기에 성령께서 친히 의와 사랑의 말씀으로 심으시고 가꾸셔서 정의의 꽃이 피고 공의의 열매를 맺게 하소서.

예수 그리스도의 이름으로 기도합니다. 아멘

———◆———

나는 선한 싸움을 싸우고 나의 달려갈 길을 마치고 믿음을 지켰으니 이제
후로는 나를 위하여 의의 면류관이 예비되었으므로 주 곧 의로우신 재판
장이 그 날에 내게 주실 것이며 내게만 아니라 주의 나타나심을 사모하는
모든 자에게도니라 (디모데후서 4장 7절–8절)

064 불안한 미래로 두려워할 때 드리는 기도

주여, 하루가 다르게 변하는 시대에 두려움을 느낍니다. 어르신들 뿐 아니라 한참 자라나는 학생들과 젊은이들까지도 미래에 대한 두려움을 느낍니다. 빠르게 변하는 세상이 삶의 가치관을 흔들어 놓습니다. 열심히 닦아놓은 지식과 능력이 일순간 보잘 것 없어지고, 애써 쌓아놓은 부와 권세도 하루아침에 날아가 버립니다. 게다가 갖가지 폭력과 음모가 도처에서 벌어지고 있어 무엇을 어떻게 해야 할지 망설여지며, 서로 믿고 신뢰하기가 두려운 세상이 되고 말았습니다.

주여, 저에게 긍휼을 베푸소서. 인간의 지식과 능력, 소유와 향락을 발판 삼아 행복을 추구한 저를 용서하소서. 이제라도 주의 말씀으로 돌아가게 하시고, 성령으로 충만하여 실패와 좌절에서 벗어나게 하소서. 주의 말씀을 믿고 의지해 영원히 다함이 없는 복된 삶으로 전진케 하소서. 세상을 이기신 주여, 저도 주의 발자취를 따라, 성령의 이끌림을 받아 빛과 진리 가운데서 승리케 하소서.

예수 그리스도의 이름으로 기도합니다. 아멘

————◆◆◆————

이것을 너희에게 이르는 것은 너희로 내 안에서 평안을 누리게 하려 함이라 세상에서는 너희가 환난을 당하나 담대하라 내가 세상을 이기었노라 (요한복음 16장 33절)

065 지혜를 구하는 기도(1)

주여, 주의 선하신 뜻을 바로 분별할 만한 지혜를 구합니다. 솔로몬 왕은 좌우를 분별하지 못하는 백성을 다스리기 위해 무엇보다 지혜를 구했습니다. 주께서는 '너희는 먼저 그의 나라와 그의 의를 구하라'고 하셨습니다. 모든 선한 것은 다 위에서 주시는 선물인 것을 믿습니다. 주여, 제가 하늘에 속한 신령한 지혜를 사모하게 하소서.

주여, 저의 미련한 생각으로 주의 뜻을 가로막거나 그르치지 않게 하소서. 지혜로운 자의 삶은 다음날 후회가 없으나 미련한 자의 삶은 후회가 뒤따를까 두렵습니다. 주여, 후회 없는 삶을 위하여 지혜로 살게 하소서. 지혜로운 개미는 겨울 동안 먹을 것을 여름에 예비하는 것처럼 저도 오늘을 살아도 내일을 예비하며 살게 하소서. 보이는 것에 소망을 두고 살다 실망하지 않게 하시며, 보이지 않는 참소망을 바라보게 하소서.

예수 그리스도의 이름으로 기도합니다. 아멘

―――❖―――

너희 중에 누구든지 지혜가 부족하거든 모든 사람에게 후히 주시고 꾸짖지 아니하시는 하나님께 구하라 그리하면 주시리라 (야고보서 1장 5절)

066 지혜를 구하는 기도(2)

주여, 제가 지혜로운 자가 되게 하소서. 주의 뜻을 묻기 위하여 골방에서 엎드립니다. 주의 뜻을 온전히 분별하여 주께서 바라고 원하시는 뜻대로 살게 하소서. 주의 뜻을 행할 수 있는 힘을 얻기 위하여 손을 들어 주께로 향하여 나아갑니다. 세상의 소금이요 빛이 되어 주의 영광을 나타내게 하소서.

지혜의 근본이신 주여, 저에게 선악을 분별하고, 참과 거짓을 구별하는 지혜를 주소서. 주의 뜻을 밝히 알아 모든 사람을 선도할 수 있는 지혜를 주소서. 대인관계에서 화평케 하고, 모든 사람에게 덕스러운 말과 행실을 나타낼 수 있는 지혜를 주소서. 불신 가족과 이웃을 주께로 인도할 수 있는 지혜를 주소서. 주께서 맡겨주신 사명과 직분에 충성하며, 주의 뜻에 잘 순종할 수 있는 지혜를 주소서.

지혜의 왕이신 예수 그리스도의 이름으로 기도합니다. 아멘

하나님이 솔로몬에게 이르시되 이런 마음이 네게 있어서 부나 재물이나 영광이나 원수의 생명 멸하기를 구하지 아니하며 장수도 구하지 아니하고 오직 내가 네게 다스리게 한 내 백성을 재판하기 위하여 지혜와 지식을 구하였으니 그러므로 내가 네게 지혜와 지식을 주고 부와 재물과 영광도 주리니 네 전의 왕들도 이런 일이 없으리라 하시니라 (역대하 1장 11절–12절)

067 하나님의 영광을 위한 기도(1)

주여, 저를 기억하여 갑절의 영감을 주소서. 주의 능력을 입혀 주소서. 주신 사명을 감당하게 하소서. 세상에서 방황하지 않고, 오직 받은 직분과 직책, 직무에 충실하게 하소서. 주께서 분부하신 모든 것을 가르쳐 지키게 하소서. 오직 주를 신뢰하고 의지하며, 흔들리지 않는 견고한 믿음을 주소서. 세상에서 빛으로 소금으로 승리하게 하시고, 모든 영광을 주께 드리기를 원합니다.

주여, 주의 말씀을 중심 삼게 하소서. 신실한 신앙을 갖게 하셔서 악에 빠지지 않게 하소서. 끊임없는 자기성찰과 성숙한 신앙으로 몸과 마음과 시간을 관리하는 데에도 소홀함이 없게 하소서. 환난과 핍박 중에도 승리하게 하셔서 평강과 기쁨이 넘치는 가정을 이루게 하소서. 이 땅에 세우신 교회와 나라, 민족을 통해 세세 무궁하도록 영광을 받으소서.

예수 그리스도의 이름으로 기도합니다. 아멘

너희는 여호와를 만날 만한 때에 찾으라 가까이 계실 때에 그를 부르라
(이사야 55장 6절)

068 하나님의 영광을 위한 기도(2)

주여, 주 안에서 한 몸이요 한 지체인 형제자매들이 서로 사랑하고 우애하며 존경하게 하소서. 부지런하며 열심을 품고 겸손한 마음으로 서로 섬기게 하소서. 구제하는 일을 쉬지 않게 하시고, 즐거운 마음으로 긍휼을 베풀게 하소서. 소망 중에 즐거워하며, 환난 중에도 참고 항상 기도에 힘쓰게 하소서. 성실을 식물로 삼고 주 안에서 아름다운 교제를 통해 주를 기쁘게 하소서.

주여, 주의 자녀들이 속한 가정과 산업에 복을 더하여 주셔서 강건케 하소서. 원수 마귀가 틈타지 못하도록 영적으로 강건케 하시고, 육적으로 병든 자는 고쳐주소서. 실패한 자는 일으켜 주시고, 가난한 자에게는 부요를 주소서. 주로 인해 기뻐하고 주를 사랑하며, 주의 자녀로 거룩하게 보전해 주소서. 감사와 찬송, 영광이 오직 주께만 있나이다.

예수 그리스도의 이름으로 기도합니다. 아멘

━━━◆◆◆━━━

형제를 사랑하여 서로 우애하고 존경하기를 서로 먼저 하며 부지런하여
게으르지 말고 열심을 품고 주를 섬기라 (로마서 12장 10절-11절)

069 하나님과의 바른 관계를 위한 기도

주여, 지난날 저의 모든 허물과 죄악은 주의 보혈로 씻어주시고, 기억하지 마소서. 한 치 앞을 내다보지 못한 어리석음을 불쌍히 여겨 주시고, 제 심령의 눈을 밝게 해 주소서. 주의 뜻을 알게 하시고, 주의 마음에 합당한 삶을 살게 하소서. 무슨 일을 하든지 언제나 주와 올바른 관계를 떠나지 않게 하소서.

주여, 주의 말씀은 언제나 진리입니다. 주는 포도나무요 저는 가지입니다. 제가 주 안에, 주가 제 안에 있어 많은 열매를 맺게 하소서. 주를 떠나서는 아무 것도 할 수 없습니다. 주와의 바른 관계 보다 더 중요한 것은 없습니다. 날마다 저의 고백이 되게 하소서.

주여, 언제나 제 눈은 주께로 향하게 하소서. 제 마음은 주를 닮게 하소서. 제 귀는 주의 음성에 기울이게 하시고, 제 발걸음은 주의 성전을 사모하여 나아가게 하소서.

예수 그리스도의 이름으로 기도합니다. 아멘

나는 포도나무요 너희는 가지라 그가 내 안에, 내가 그 안에 거하면 사람이 열매를 많이 맺나니 나를 떠나서는 너희가 아무 것도 할 수 없음이라 (요한복음 15장 5절)

070 복음을 듣지 못한 자를 위한 기도

주여, 아직도 주의 복음을 듣지 못한 자를 위해 기도합니다. 그들도 여호와가 하나님인 것을 알게 하소서. 예수님이 하나님의 아들이요 그리스도인 것을 알게 하소서. 누구든지 회개하면 죄를 용서 받고, 누구든지 주를 믿으면 구원을 받는다는 것을 알게 하소서. 누구든지 하나님과 올바른 관계 안에 있으면 영혼 육이 강건해지는 복을 누릴 수 있다는 것을 알게 하소서. 주여, 세상 모든 민족들 중에 복음을 듣지 못한 자들이 없게 하셔서 그들의 삶이 성령으로 인도받게 하소서.

주여, 복음을 듣고 주께로 나아오는 자들을 위해 기도합니다. 그들을 주의 자녀로 삼아주셨으니 이 세상 무엇보다 주의 말씀을 사모하게 하시고, 그 말씀에 순종하여 하나님과 바른 관계를 유지하게 하소서. 주께서 그들을 아신 것 같이 그들도 주를 알아 가게 하소서. 그들이 사는 곳이 거룩하게 변하여 성시화하는 놀라운 역사를 경험하게 하소서.

예수 그리스도의 이름으로 기도합니다. 아멘

그런즉 누구든지 그리스도 안에 있으면 새로운 피조물이라 이전 것은 지나갔으니 보라 새것이 되었도다 (고린도후서 5장 17절)

071 세계선교를 위한 기도

이 땅 위에 주의 나라가 이뤄지기를 원하시는 주여, '오직 성령이 너희에게 임하시면 너희가 권능을 받고 예루살렘과 온 유대와 사마리아와 땅 끝까지 이르러 내 증인이 되리라' 하신 주의 말씀이 선교사역을 통해 이뤄지는 것을 보며 감사합니다. 주의 복음이 예루살렘을 넘어 안디옥에 이르러 열매를 맺더니 그 씨앗들이 전 유럽과 아시아에 뿌려져 세계선교가 이뤄진 것을 감사합니다.

주여, 동방의 고요한 아침의 나라에 선교사들을 통하여 복음의 씨앗을 심어주시더니 이제 결실하여 30배, 60배, 100배로 거두게 하신 것을 감사합니다. 한국교회가 복음전파의 열정으로 넘치게 하셔서 담을 넘어, 경계를 넘어, 세계 도처에 선교사를 파송케 하시니 감사합니다. 전 세계가 주의 복음으로 덮일 때까지 세계선교를 위한 사명이 한국교회 위에 더욱 불타오르게 하소서. 복음을 위하여 모든 것을 다 버리고, 세계 선교현장에서 충성하고 있는 선교사들을 기억하여 능히 큰 구원을 이룰 수 있게 도우소서. 그들의 땀과 눈물과 피의 밑거름 위에 구원이 새싹처럼 탐스럽게 돋아나게 하소서.

예수 그리스도의 이름으로 기도합니다. 아멘

---- ••◆••· ----

오직 성령이 너희에게 임하시면 너희가 권능을 받고 예루살렘과 온 유대
와 사마리아와 땅 끝까지 이르러 내 증인이 되리라 하시니라 (사도행전
1장 8절)

072 선교사를 위한 기도

주여, 이 나라를 사랑하시고, 복음을 주셔서 감사합니다. 어둡고 추웠던 이 땅에 복음의 씨앗이 들어와 오늘날 많은 결실을 맺고 있습니다. 복음으로 인하여 민족을 사랑하게 되었고, 복음으로 인하여 이웃 사랑을 배웠습니다. 복음으로 인하여 나눔과 희생의 기쁨을 얻었습니다.

주여, 그러나 아직도 지구상에는 복음의 빛 가운데로 들어오지 못한 많은 사람들이 있습니다. 그들에게 복음을 전하느라 노심초사 수고하는 여러 선교사들이 있습니다. 이들에게 주께서 주시는 능력의 두루마기를 입혀 주시고, 복음을 힘 있게 전하게 하시며, 죽어가는 많은 영혼들을 살려내는 일에 피곤치 않게 하소서. 정치적으로 위협을 당하지 않게 하소서. 경제적으로 어려움이 없게 하소서. 자녀 교육문제로 인하여 사역을 포기하지 않게 하소서. 건강을 잃어버림으로 인하여 선교에 지장을 초래하지 않게 하소서. 고국의 교회가 무관심해진 것으로 인하여 낙심하지 않게 하소서. 저도 '보내는 선교사'로서 주 오실 그 날까지 맡은 일에 충성하게 하소서.

예수 그리스도의 이름으로 기도합니다. 아멘

외치는 자의 소리여 이르되 너희는 광야에서 여호와의 길을 예비하라 사막에서 우리 하나님의 대로를 평탄하게 하라 (이사야 40장 3절)

향기

거룩

성숙

행함

일치

073 그리스도의 향기가 나기를 원하는 기도(1)

주여, 사슴이 시냇물을 찾듯이 제 영혼이 주를 찾기에 갈급합니다. 저의 생명과 영혼을 도적질 당하지 않도록 주의 곁에만 있게 하소서. 외로울 때 제 곁에서 위로하신 주여, 어려울 때 강한 손으로 붙드신 주여, 어둠에 처했을 때 빛이 되신 주여, 사람을 외모로 판단하지 않게 하시고, 주를 대하듯 공경하며 겸손함으로 대접하게 하소서. 매사에 칭찬받으려고 자신을 나타내지 말고 숨어서 행하는 믿음의 본을 잃지 않게 하소서.

주여, 저의 병든 마음을 치료하셔서 사랑의 실천자가 되게 하시며, 주를 위해 의의 도구로 쓰이게 하소서. 저에게 따뜻한 마음과 칭찬하는 입술을 주셔서 상한 마음을 치료하게 하소서. 제가 그리스도의 향기를 품은 자로서 누구를 만나든지 기쁨의 향기, 감사의 향기, 사랑의 향기를 뿜어내게 하소서. 그리스도이신 주여, 세상 끝날까지 항상 저와 함께 하소서.

예수 그리스도의 이름으로 기도합니다. 아멘

우리는 구원 받는 자들에게나 망하는 자들에게나 하나님 앞에서 그리스도의 향기니 (고린도후서 2장 15절)

074 그리스도의 향기가 나기를 원하는 기도(2)

주여, 저의 인격과 생활 속에서 그리스도의 향기가 없으며, 죄와 허물로 인하여 나오는 것은 악취뿐인 것을 용서하여 주소서. 생명이 있는 나무에 꽃이 피고, 꽃에 향기가 있는 것같이 저에게 그리스도의 생명이 있어 그리스도의 향기를 내는 그리스도인이 되게 하소서. 예수 그리스도께서 저를 위하여 자신을 버리고 향기로운 제물이 되신 것같이 저도 가정에서, 직장에서, 교회에서 이웃을 위하여 향기로운 존재로 희생의 제물이 되게 하소서. 관용하고, 용서하며, 사랑하게 하소서.

주여, 악을 미워하고, 선을 행하게 하소서. 항상 기뻐하며, 고난을 참고 기도하게 하소서. 가난한 이들을 돕고 구제하는 일에 힘쓰게 하소서. 제 입술을 열어 주를 찬양하며, 전파하게 하소서. 정한 마음을 창조하시고, 영을 새롭게 하소서. 잠시 나그네로 사는 세상에서 시간을 선용하고, 절제하며, 온유하고, 겸손하게 하소서. 주야로 주의 말씀을 묵상하고, 주의 명령에 순종하는 것이 저에게 큰 복인 것을 알게 하소서. 저의 사생활과 공생활에서 그리스도의 사랑과 은총의 향기가 나타나게 하소서.

예수 그리스도의 이름으로 기도합니다. 아멘

하나님이여 내 속에 정한 마음을 창조하시고 내 안에 정직한 영을 새롭게
하소서 (시편 51편 10절)

057 거룩하고 흠 없는 삶을 구하는 기도

주여, 제 삶이 거룩하고 흠 없게 되기를 원합니다. 기름을 준비한 슬기로운 다섯 처녀들과 같이 저도 성령으로 충만해 주 다시 오실 때 흠 없이 주를 맞이할 수 있게 하소서. 주 다시 오시는 날에 많은 사람들이 주여 주여 할지라도 주께서 도무지 알지 못한다고 하시면서, 오직 하나님 아버지의 뜻대로 행한 자라야 천국에 들어간다고 하셨기에 저도 주의 뜻을 행하는 거룩한 자가 되기를 원합니다.

주여, 제가 주의 이름을 거룩하게 부를 때 주께서 기쁘게 응답하소서. 가난하고 굶주린 이웃을 돌보며, 가까운 이웃에게 구원의 빛을 발하며, 주의 복음을 전파하게 하소서. 지구상의 오지에 갈 수 없을지라도 '가는 선교사'를 기쁜 마음으로 후원하여 '보내는 선교사'로서 사역을 감당케 하소서. 그러나 원하는 마음은 제게 있으나 원치 않는 옛사람의 악함이 제 안과 밖에서 훼방할까 두려우니 약속의 성령께서 제 마음을 주장해 주소서. 주의 거룩한 이름을 위하여 주 오시는 날까지 온전히 쓰임 받는 도구가 되기를 원합니다.

예수 그리스도의 이름으로 기도합니다. 아멘

———◆———

나더러 주여 주여 하는 자마다 천국에 다 들어갈 것이 아니요 다만 하늘에
계신 내 아버지의 뜻대로 행하는 자라야 들어가리라 그 날에 많은 사람이 나
더러 이르되 주여 주여 우리가 주의 이름으로 선지자 노릇 하며 주의 이름으
로 귀신을 쫓아 내며 주의 이름으로 많은 권능을 행치 아니하였나이까 하리
니 그 때에 내가 그들에게 밝히 말하되 내가 너희를 도무지 알지 못하니 불
법을 행하는 자들아 내게서 떠나가라 하리라 (마태복음 7장 21절–23절)

076 거룩한 삶을 위한 기도(1)

'내가 거룩하니 너희도 거룩하라'고 말씀하신 주여, 오늘 하루도 화평함과 거룩함을 추구하라는 세미한 주의 음성에 귀를 기울입니다. 주 앞에서 점도, 흠도, 허물도 많으며, 만물보다 거짓되고 심히 부패한 것이 제 마음인 것을 깨닫게 하소서. 마음의 순결을 잃어버려 육체도, 영혼도 온갖 더러움 속에서 죄의 열매로만 가득 차 있습니다. 회칠한 무덤 같은 저의 죄악을 말갛게 씻어주시고, 우슬초로 정결케 하소서.

주여, 저는 십자가의 사랑으로 살고 있지만 사실은 십자가의 도를 바로 알지 못한 채 오염된 십자가의 복음 속에 살고 있습니다. 외치는 자는 많지만 생명수가 말라버려 곳곳마다 상한 영혼들의 탄식소리가 들려오고 있습니다. '너희는 택하신 족속이요, 왕 같은 제사장들이요, 거룩한 나라요, 그의 소유가 된 백성'이라고 하셨는데, 어떻게 해야 죄를 멀리하고 거룩한 주의 백성으로 살 수 있겠습니까? 제 힘으로는 불가능하오니 성령께서 도우소서.

예수 그리스도의 이름으로 기도합니다. 아멘

그러나 너희는 택하신 족속이요 왕 같은 제사장들이요 거룩한 나라요 그의 소유가 된 백성이니 이는 너희를 어두운 데서 불러 내어 그의 기이한 빛에 들어가게 하신 이의 아름다운 덕을 선포하게 하려 하심이라 (베드로전서 2장 9절)

077 거룩한 삶을 위한 기도(2)

자비로우신 주여, 주는 날마다 은혜를 베푸셔서 제가 미처 깨닫지 못하는 사이에 지켜주시고, 인간사의 헛된 욕정에 빠져들어 주를 등지고 있을 때에도 주께서는 저에게 사랑을 베풀어 주셨으니 다만 죄송한 마음으로 감사드립니다.

거룩하신 주여, 저에게 새 영을 허락하셔서 새 마음을 주시고, 육신의 굳은 마음을 제하시고 부드러운 마음을 주소서. 주께서 주신 몸과 마음에는 성령이 거주하시는 전인 줄 깨달아 알고, 성령을 소멸하거나 성령을 근심케 하는 악독과 분노, 떠드는 것과 훼방하는 모든 악의를 버리고, 성령 충만한 날이 되게 하소서.

주여, 독수리의 날개로 업어 저를 인도하시며, 암탉이 날개 아래에 새끼를 모으는 것과 같이 보호하시며, 주의 눈동자처럼 지켜주소서. 졸지도 않으시고, 주무시지도 않으시는 주와 더불어 동행하면서 거룩한 나라의 백성으로 승리하는 날이 되게 하소서.

예수 그리스도의 이름으로 기도합니다. 아멘

너희 몸은 너희가 하나님께로부터 받은 바 너희 가운데 계신 성령의 전인 줄
을 알지 못하느냐 너희는 너희 자신의 것이 아니라 값으로 산 것이 되었으니
그런즉 너희 몸으로 하나님께 영광을 돌리라 (고린도전서 6장 19절-20절)

078 거룩한 삶을 위한 기도(3)

주여, 저는 경건의 모양만 있지 경건의 능력은 없습니다. 잔과 겉은 깨끗하게 보이지만 속에는 탐욕과 방탕함으로 가득 차 있습니다. 말씀과 기도로 마음의 가죽을 베어내며, 죄악의 껍질을 벗기는 영적인 할례를 통하여 통회하는 심령, 회개하는 삶으로 거듭나게 하소서.

주여, 사도 바울이 고백한 것같이 저는 그리스도와 함께 십자가에 못박힌 자입니다. 그래서 이제는 내가 사는 것이 아니요, 오직 내 안에 그리스도께서 살고 계십니다. 이제 내가 육체 가운데 사는 것은 나를 사랑하사 나를 위하여 자기 몸을 버리신 하나님의 아들을 믿는 믿음 안에서 사는 것입니다. 고백하는 저를 정결케 하소서.

예수 그리스도의 이름으로 기도합니다. 아멘

------◆------

경건의 모양은 있으나 경건의 능력은 부인하니 이같은 자들에게서 네가 돌아서라 (디모데후서 3장 5절)

내가 그리스도와 함께 십자가에 못 박혔나니 그런즉 이제는 내가 사는 것이 아니요 오직 내 안에 그리스도께서 사시는 것이라 이제 내가 육체 가운데 사는 것은 나를 사랑하사 나를 위하여 자기 자신을 버리신 하나님의 아들을 믿는 믿음 안에서 사는 것이라 (갈라디아서 2장 20절)

079 성숙한 신앙을 구하는 기도

주여, 저에게 성숙한 신앙, 참된 신앙을 주소서. 얄팍한 잇속에 좌우되지 않고, 듬직하게 믿고 참고 기다릴 줄 알게 하소서. 주의 자녀로서 언제 어디서나 담대히 선한 싸움을 싸우며, 믿음을 굳게 지켜 나가게 하소서. 이 시대가 역사의 주관자이신 주의 주권에 달려 있으니 이 나라와 민족을 붙들어 주소서. 이 나라가 공의로운 나라가 되게 하시며, 정의가 하수같이 흐르게 하소서. 이 정부를 지지하거나 지지하지 않거나 주의 백성으로서 이 나라가 성숙한 민주주의 나라가 되도록 기도하는 성숙한 신앙을 갖게 하소서.

주여, 주의 몸된 교회를 세우시고 지금까지 인도하여 부흥 발전하게 하심을 감사합니다. 한국 교회가 잎만 무성한 무화과나무처럼 외적으로만 성장할 것이 아니라 내적으로도 많은 믿음의 열매들을 주렁주렁 맺게 하소서. 방송선교를 통하여 민족복음화의 일익을 담당하는 기독교방송을 더욱 사랑해 주시며, 방송선교사의 자부심으로 사역하는 종사자들을 위로해 주소서.

예수 그리스도의 이름으로 기도합니다. 아멘

이에 비유로 말씀하시되 한 사람이 포도원에 무화과나무를 심은 것이 있더
니 와서 그 열매를 구하였으나 얻지 못한지라 포도원지기에게 이르되 내가
삼 년을 와서 이 무화과나무에서 열매를 구하되 얻지 못하니 찍어버리라 어
찌 땅만 버리게 하겠느냐 대답하여 이르되 주인이여 금년에도 그대로 두소
서 내가 두루 파고 거름을 주리니 이 후에 만일 열매가 열면 좋거니와 그렇
지 않으면 찍어버리소서 하였다 하시니라 (누가복음 13장 6절~9절)

080 신행일치를 위한 기도(1)

주여, 제 믿음과 행함이 일치하기를 원합니다. 제가 닫힌 마음을 열어 아무 일에든지 다툼이나 허영으로 하지 말고 오직 겸손한 마음으로 각각 다른 사람들의 일을 돌아보아 주의 기쁨을 충만하게 하는 데에 이르게 하소서. 저의 기도와 찬송이 진실한 고백이 되고, 믿음이 행함으로 나타나게 하소서.

주여, 주의 말씀으로 미련한 자를 견책하시고 교훈하셔서 주를 따르는 자들의 양심이 자유를 누리게 하소서. 주를 머리로만 알고 있는 저들이 입술로는 주를 시인하나 행동으로는 부인합니다. 눈이 있어도 영적으로는 소경이요, 귀가 있어도 듣지 못한 채 살고 있습니다.

주여, 하루가 지나 석양이 물들 때까지 성령의 인도하심과 주의 말씀으로 저를 지배해 주소서. 귀로 듣고, 눈으로 읽어, 입술에 있는 말씀대로 행하게 하소서.

주 예수 그리스도의 이름으로 기도합니다. 아멘

━━━━◆━━━━

아무 일에든지 다툼이나 허영으로 하지 말고 오직 겸손한 마음으로 각각
자기보다 남을 낫게 여기고 (빌립보서 2장 3절)

081 신행일치를 위한 기도(2)

주의 나라와 의를 이 땅에 실현하기 위해 저와 함께 일하기를 원하시는 주여, 오늘도 주님과 거룩한 사귐이 있게 하소서. 제 입술로는 주를 찬양하면서도 마음으로는 참 기쁨을 누리지 못했습니다. 계산으로 가능한 것만을 위해 기도했고, 눈으로 바라볼 수 있는 것만 바라보았습니다. 아골 골짝 빈들에도 복음 들고 가겠노라고 노래하면서도 생명보다 귀한 복음을 전하지 않았습니다. 저의 행함이 없는 믿음을 용서해 주소서.

주여, 화해와 일치, 평화의 성령이 임하시기를 기도하면서도 공동체 안에서 형제와 하나됨을 위해, 교회 일치를 위해, 나아가 남과 북으로 갈라진 민족의 평화통일을 위해 노력하지 않았습니다. 주여, 저를 불쌍히 여기시고, 자비를 베풀어 주소서. 날마다 불꽃같은 주의 눈앞에 서 있다는 것을 깨닫게 하시고, 요셉처럼 주를 경외하는 삶을 살게 하소서.

주 예수 그리스도의 이름으로 기도합니다. 아멘

―•◆•―

그러므로 그리스도 안에 무슨 권면이나 사랑의 무슨 위로나 성령의 무슨 교제나 긍휼이나 자비가 있거든 마음을 같이하여 같은 사랑을 가지고 뜻을 합하며 한마음을 품어 아무 일에든지 다툼이나 허영으로 하지 말고 오직 겸손한 마음으로 각각 자기보다 남을 낫게 여기고 각각 자기 일을 돌볼뿐더러 또한 각각 다른 사람들의 일을 돌보아 나의 기쁨을 충만하게 하라 (빌립보서 2장 1절–4절)

082 신행일치를 위한 기도(3)

말씀이 육신이 되게 하신 주여, 주께서 분부하신 대로 행하는 믿음을 구합니다. 자기를 부인하고 날마다 자기 십자가를 지고 주를 따르라고 하신 주여, 남을 나보다 낮게 여기고 섬기는 자가 되라고 하신 주여, 주가 저를 위하여 목숨을 버린 것처럼 서로 사랑하라고 하신 주여, 주의 말씀에 순종하여 행하는 믿음을 구합니다.

주여, 제 자신을 온전히 주께 드리기를 원합니다. 제 안에 오셔서 저를 의의 도구로 써주소서. 분쟁과 다툼이 있는 곳에 저를 보내어 평화의 도구가 되게 하소서. 불안하고 근심이 많은 이들에게 보내어 주께서 주시는 기쁨과 위로를 전하게 하소서. 이 세대를 본받지 않고 거룩한 주님만 좇아가는 인생여정이 되게 하소서. 행함이 있는 믿음을 구하는 저에게 담대한 마음을 주소서.

예수 그리스도의 이름으로 기도합니다. 아멘

―――― ··◆·· ――――

너희는 이 세대를 본받지 말고 오직 마음을 새롭게 함으로 변화를 받아 하나님의 선하시고 기뻐하시고 온전하신 뜻이 무엇인지 분별하도록 하라 (로마서 12장 2절)

재물

게으름

절제

무거운 짐

자족

보배합

이기심

생활신앙

083 물질이 풍요할 때의 기도

주여, 출애굽한 이스라엘 백성들이 광야에서 배고플 때 만나와 메추라기로 허기진 배를 채워주신 것을 기억합니다. 그들이 목마를 때 생수를 주셔서 해갈해 주신 것도 기억합니다. 그들이 광야의 삶에 피곤하고 지칠 때 구름기둥과 불기둥으로 인도하여 주시고, 무엇보다도 지도자 모세를 세워주신 것도 기억합니다. 주께서 베푸신 은혜와 사랑을 인하여 물질적으로는 가장 풍요로운 시대를 누리고 있습니다. 고급 승용차와 초현대식 주택, 입고 싶은 옷과 먹고 싶은 온갖 음식이 넘쳐납니다.

주여, 이처럼 물질적 풍요 속에서도 저의 생명은 점점 고갈되어 가고 있습니다. 제 육신과 마음은 병들었으며, 영혼은 침체되어 갑니다. 겉은 화려해 졌으나 내면은 초라해져 더럽습니다. 주께서 주신 만 가지 복을 누리면서도 주께 영광을 돌리지 못할 뿐 아니라 이웃과 더불어 나누지 못했습니다. 동물적인 이기심으로 살아가다 오히려 복이 화가 되고, 축복이 저주가 되지 않을까 두렵습니다. 형편이 조금 나아졌을 때 소비와 사치에 빠지지 않게 하시고, 옥합을 깨뜨려 주께 드린 마리아처럼 이웃을 위해 나누고 섬기게 하소서.

예수 그리스도의 이름으로 기도합니다. 아멘

너희가 너희의 땅에서 곡식을 거둘 때에 너는 밭 모퉁이까지 다 거두지 말고 네 떨어진 이삭도 줍지 말며 네 포도원의 열매를 다 따지 말며 네 포도원에 떨어진 열매도 줍지 말고 가난한 사람과 거류민을 위하여 버려두라 나는 너희의 하나님 여호와이니라 (레위기 19장 9절–10절)

084 올바른 재물관을 위한 기도

주여, 이 나라의 경제력을 부강케 하여 선진국의 대열에 서게 하신 것을 감사합니다. 그러나 아직도 절대빈곤의 아픔 속에 있는 이웃이 있습니다. 그리스도인인 제가 주의 뜻대로 물질을 사용하지 않았던 것을 고백합니다. 경제정의가 실현되지 못하는 안타까운 현실에서 빈곤의 악순환에 갇혀 지내는 그들을 돌보지 못한 것을 용서해 주소서.

주여, 주를 섬긴다고 하면서도 천하보다 귀한 생명이나 건강보다는 돈을 더 소중히 여겼던 것을 용서해 주소서. 주의 능력보다는 돈의 위력을 더 의지했던 것도 고백합니다. 돈 때문에 신의를 버리고, 마침내 주마저 버렸던 것을 용서해 주소서. 돈 때문에 교만하여 이웃을 멸시하고, 이 땅에서 힘들고 더럽고 위험한 일에 내몰린 외국인 노동자들을 업신여겼던 잘못을 용서해 주소서. 더 이상 물질의 종노릇을 하지 않고, 보물을 하늘에 쌓는 자가 되게 하소서.

주 예수 그리스도의 이름으로 기도합니다. 아멘

너희를 위하여 보물을 땅에 쌓아 두지 말라 거기는 좀과 동록이 해하며 도둑이 구멍을 뚫고 도둑질하느니라 오직 너희를 위하여 보물을 하늘에 쌓아두라 거기는 좀이나 동록이 해하지 못하며 도둑이 구멍을 뚫지도 못하고 도둑질도 못하느니라 (마태복음 6장 19절-20절)

085 불로소득 마음을 버리기 위한 기도

주여, 수고함으로 얻는 것이 값지다는 것을 알면서도 저는 불로소득을 주의 은혜로 둔갑시켜 자랑하고, 불의와 불법을 서슴지 않았습니다. 학개 선지자를 통해 '이 땅의 모든 백성아 스스로 굳세게 하여 일할지어다. 내가 너희와 함께 하노라'고 말씀하신 대로 열심히 일하는 자와 함께 하시는 주여, 일함으로 수고하는 것이 주의 복인 것을 알게 하소서. 불로소득을 구하는 것은 죄악임을 알게 하소서.

주여, 사도 바울은 데살로니가교회에 보낸 편지에서 조용히 자기 일을 하고 너희 손으로 일하기에 힘쓰라고 했습니다. 주께서 일하게 하신 손으로 일하게 하시며, 전혀 힘들이지 않고 얻으려는 악한 생각을 버리게 하소서. 바울이 전한 대로 누구든지 일하기 싫어하거든 먹지도 말게 하라고 하셨으니, 주여, 수고하지 않고 얻으려는 것이 얼마나 어리석은 것인지 깨닫게 하소서.

예수 그리스도의 이름으로 기도합니다. 아멘

이 땅 모든 백성아 스스로 굳세게 하여 일할지어다 내가 너희와 함께 하노라 만군의 여호와의 말이니라 (학개 2장 4절)

또 너희에게 명한 것 같이 조용히 자기 일을 하고 너희 손으로 일하기를 힘쓰라 (데살로니가전서 4장 11절)

086 게으름에서 벗어나기 위한 기도

주여, 게으른 자는 개미에게 가서 그가 하는 것을 보고 지혜를 얻으라고 하신 주여, 개미는 두령도 없고, 감독자도 없고, 통치자도 없으나 먹을 것을 여름 동안에 예비하며, 추수 때에 양식을 모으는데, 저는 춘하추동 늘 게을러 곤충이나 미물만도 못할 때가 많습니다. 주여, 저에게 주어진 일에 수고를 아끼지 않게 하소서.

주여, 주의 말씀으로 인하여 제가 미혹에서 깨어나 정신을 차리고, 주께서 말씀으로 타일러 깨우쳐 주소서. 저는 좀더 자자, 좀더 졸자, 좀더 누워 있고 싶은 게으른 자입니다. 이런 자에게는 빈궁이 강도같이 오며, 곤핍이 군사같이 이른다고 하셨으니 이 말씀에 도전 받게 하소서. 마땅히 수고함으로 얻는 열매가 값진 것을 깨우쳐 주소서.

예수 그리스도의 이름으로 기도합니다. 아멘

게으른 자여 개미에게 가서 그가 하는 것을 보고 지혜를 얻으라 개미는 두령도 없고 감독자도 없고 통치자도 없으되 먹을 것을 여름동안에 예비하며 추수 때에 양식을 모으느니라 게으른 자여 네가 어느 때까지 눕겠느냐 네가 어느 때에 잠이 깨어 일어나겠느냐 좀더 자자, 좀더 졸자, 손을 모으고 좀더 누워 있자 하면 네 빈궁이 강도 같이 오며 네 곤핍이 군사 같이 이르리라 (잠언 6장 6절-11절)

087 자다가 깰 때임을 알기 위한 기도

주여, 주의 자녀로서 세월을 아끼고, 시간을 잘 활용하는 슬기로운 자가 되게 하소서. 질서 있는 생활과 절제하는 생활을 하게 하시고, 사단의 유혹에 빠지지 않도록 지켜 주소서. 신앙의 깊은 잠을 자고 있는 저를 용서해 주시고, 일깨워 주소서. 산에서 밤새워 기도하시던 주께서 졸며 잠자던 제자들에게 한시도 깨어 있을 수 없더냐고 책망하시면서 시험에 들지 않게 깨어 기도하라고 하셨으니 저도 믿는 자로서 깨어 기도하게 하소서.

주여, 주 오실 날이 가까이 왔으니 슬기로운 다섯 처녀와 같이 믿음의 기름을 준비하고, 깨끗한 신부의 모습으로 단장하게 하소서. 빛나고 깨끗한 세마포를 준비하여 주를 맞이하게 하소서. 저를 도우셔서 주 앞에 서는 날에 흠 없게 보전해 주소서. 저에게 날 계수함을 가르쳐 주시고, 지혜의 마음을 주소서. 깨어 기도함으로써 마귀의 올무에 빠지지 않게 하시고, 믿음으로 승리하게 하소서. 지금은 자다가 깰 때임을 알게 하소서.

예수 그리스도의 이름으로 기도합니다. 아멘

----- ◆ -----

또한 너희가 이 시기를 알거니와 자다가 깰 때가 벌써 되었으니 이는 이제 우리의 구원이 처음 믿을 때보다 가까웠음이라 (로마서 13장 11절)

125

088 무거운 짐으로 낙심할 때의 기도

주여, 십자가의 피 흘리심과 죽으심으로 인하여 저의 죄를 용서하시고, 거듭나게 해주셔서 감사합니다. 이제는 썩지 않고 더럽지 않고 쇠잔하지 않는 하늘의 신령한 은사를 사모하며 살아가게 하소서. 주께서는 일찍이 마음을 다하고 뜻을 다하고 목숨을 다하여 하나님을 사랑하라고 하셨고, 이웃을 자기 몸같이 사랑하라고 하셨는데, 저는 그렇게 살지 못한 것을 용서해 주소서.

주여, 가정에서, 일터에서 감당할 수 없는 고통과 고난을 만납니다. 어떤 때는 질병으로, 어떤 때는 인간관계로, 어떤 때는 사업의 실패로, 어떤 때는 진학의 실패로, 또 부부문제와 자녀문제로 짐을 지기에는 너무 피곤하여 지칠 때가 많습니다.

주여, 이 모든 일이 기쁘게 져야할 십자가인 것을 알게 하소서. 원망하지 말게 하소서. 불평하지 않게 하소서. 반항하지 말게 하소서. 모든 사람은 제가 섬겨야 할 대상이고, 사랑해야 할 대상인 것을 깨달아 알게 하소서. 무거운 짐을 통하여 천국을 발견하게 하시고, 하늘이 주는 의미를 알게 해주소서.

예수 그리스도의 이름으로 기도합니다. 아멘

예수께서 이르시되 네 마음을 다하고 목숨을 다하고 뜻을 다하여 주 너의 하나님을 사랑하라 하셨으니 이것이 크고 첫째 되는 계명이요 둘째도 그와 같으니 네 이웃을 네 자신 같이 사랑하라 하셨으니 이 두 계명이 온 율법과 선지자의 강령이니라 (마태복음 22장 37절–40절)

089 일용할 양식에 자족할 줄 아는 기도

주여, 오직 주만 경외하며 믿음으로 살아가는 이들을 기억해주소서. 인생의 고비마다 길을 열어주신 주여, 머리털 하나라도 헤아리시는 주의 돌보심으로 인하여 여기까지 살아왔습니다. 저에게 일할 수 있는 여건과 재능을 주셔서 수고의 분복을 따라 살아갈 수 있었습니다. 썩어져 가는 양식을 위하여 일하지 않게 하시고, 넉넉하지 못한 여건 속에서도 주를 버리지 않고 주의 은혜를 사모하며 살게 하소서.

주여, 오늘도 심령이 가난한 자로 하루를 살게 하소서. 물질의 욕심으로 인해 주를 부인하거나 주를 팔지 않게 하소서. 저의 형편이 풍부에 처하든지 궁핍에 처하든지 주와 멀어지지 않고 변함없이 주를 사랑하게 하소서. 주께서 저에게 가르쳐주신 기도를 기억하게 하소서. 일용할 양식이 떨어지지 않게 하시고, 광야에서 날마다 이스라엘 백성들에게 만나와 메추라기를 주신 것같이 저에게 주신 일용할 양식으로 인해 자족할 줄 알게 하소서.

예수 그리스도의 이름으로 기도합니다. 아멘

─────•◆•─────

비록 무화과나무가 무성하지 못하며 포도나무에 열매가 없으며 감람나무에 소출이 없으며 밭에 먹을 것이 없으며 우리에 양이 없으며 외양간에 소가 없을지라도 나는 여호와로 말미암아 즐거워하며 나의 구원의 하나님으로 말미암아 기뻐하리로다 (하박국 3장 17절-18절)

090 인색한 마음을 다스릴 때의 기도

주여, 저의 감사와 찬양이 입술에만 있었음을 고백합니다. 말과 혀로만 사랑하고 행함과 진실함으로 하지 못했습니다. 이제 저의 삶이 주 앞에 온전히 드려지는 산 제물이 되게 하소서. 동방박사들이 보배합을 열어 황금과 유향, 몰약을 주께 드렸듯이 저도 보배합을 열어 가장 귀한 것으로 주께 드리게 하소서. 주의 진노의 대상이요 원수였던 저를 살리고, 새 생명을 주시기 위하여 이 땅에 오신 주를 찬양합니다.

주여, 마음을 다하고, 성품을 다하고, 힘을 다하여 주를 사랑하게 하소서. 이웃을 사랑하여 저의 착한 행실로 많은 사람이 주께 영광을 돌리게 하소서. 저에게 원함은 있으나 인색한 마음이 가로막아 행할 능력이 없습니다. 주의 성령이 오셔서 인색한 마음을 녹여주시고, 강건케 하셔서 저의 보배합을 열게 하소서. 만물의 마지막이 가까이 올수록 정신을 차리고, 근신하여 기도하고 사랑하게 하소서.

예수 그리스도의 이름으로 기도합니다. 아멘

———◦◆◦———

자녀들아 우리가 말과 혀로만 사랑하지 말고 행함과 진실함으로 하자
(요한1서 3장 18절)

091 이기적인 신앙을 버리는 기도(1)

주여, 세상염려와 우수사려에 붙잡히기 전에 존귀하신 주 앞에 기도하게 하신 주의 은혜를 감사합니다. 저의 내면 깊숙한 곳에 자리 잡은 이기적인 신앙을 주 앞에 고백하오니 용서해 주소서. 신앙이 좋다는 칭찬의 말에 스스로 취했으며, 사람들 앞에서 잘 믿는 척 우쭐대다 주님마저 속이려 했습니다. 형식적이고 허울뿐인 저의 신앙을 용서해 주소서.

제 생각을 아시는 주여, 저는 평안할 때 교만했습니다. 주의 은혜인 줄도 몰라 감사하지 못했습니다. 어려움이 닥쳐왔을 때는 살려 달라 울부짖었습니다. 살아계신 주님이라면 왜 내 사정을 살피지 않느냐고, 왜 나를 못 본 척 하시냐고 투덜대며 원망과 불평을 쏟아냈습니다. 주여, 저의 이 얄팍한 신앙을 용서해 주소서. 주여, 주 밖에 사모할 자 없습니다. 이제는 좀 더 장성한 분량에 이르는 믿음을 갖게 하소서.

예수 그리스도의 이름으로 기도합니다. 아멘

———— ··◆··· ————

주의 교훈으로 나를 인도하시고 후에는 영광으로 나를 영접하시리니 하늘에서는 주 외에 누가 내게 있으리요 땅에서는 주밖에 내가 사모할 이 없나이다 내 육체와 마음은 쇠약하나 하나님은 내 마음의 반석이시요 영원한 분깃이시라 (시편 73편 24절-26절)

092 이기적인 신앙을 버리는 기도(2)

주여, 주를 믿는 자로서 부끄럽게도 이기적인 옛사람을 벗어 버리지 못하고 있습니다. 마음은 완악해지고 강퍅해져서 주의 사랑을 저버리고 살아갑니다. 저의 욕심과 이익을 위해서는 한 치도 물러서지 않으려는 이기심 때문에 주의 증인으로 살아가지 못했습니다. 저의 모든 허물과 죄를 용서해 주소서.

주여, 저의 욕심과 이기심으로 인하여 주를 멀리하지 않게 하 소서. 주께서 저를 위해 생명을 버리신 것처럼 저도 주를 위해 몸과 마음의 전부를 드리게 하소서. 저의 이기심 때문에 고통당 하는 이웃이 없게 하시고, 도리어 저로 인하여 많은 사람들이 삶 의 용기와 희망을 갖게 하소서. 어두워져가는 세상에서 빛이 되 게 하시고, 썩어져가는 세상에서 밀알이 되게 하소서. 서로 용서 하며, 서로 사랑하게 하소서.

주 예수 그리스도의 이름으로 기도합니다. 아멘

내가 진실로 진실로 너희에게 이르노니 한 알의 밀이 땅에 떨어져 죽지 아니 하면 한 알 그대로 있고 죽으면 많은 열매를 맺느니라 (요한복음 12장 24절)

093 생활신앙을 위한 기도(1)

주여, 희망찬 새 아침에 주의 음성에 귀를 기울이게 하소서. 오늘 하루의 삶이 주께 영광이 되게 하시며, 주의 뜻을 이루는 날이 되게 하소서. 할 일 많은 세상에 저를 보내주시고, 그리스도인으로서 감당해야 할 사명을 더하여 주신 것을 감사합니다. 그러나 제 삶은 생각뿐이요, 나약해 넘어집니다. 제 입술의 말은 주를 닮은 듯 보일뿐 저의 행위는 주를 부인하는 것이나 다름이 없습니다. 주여, 이 연약함을 용서하시고, 위로해 주소서.

주여, 하루의 일과를 시작하려고 합니다. 새로운 힘과 능력을 주소서. 제가 만나는 모든 사람들에게 주의 빛을 드러내게 하소서. 식탁에 마주앉을 식구들에게 기쁨을 나누어 주게 하시고, 가족이 어디에 있든지 은혜와 평강이 넘치게 하소서. 출퇴근길에 만나는 모든 이들에게는 혼잡한 교통구간에서 양보하게 하시고, 기초질서를 따르게 하소서. 직장동료와 업무상 만날 사람들 앞에서 웃음을 잃지 않게 하시고, 십자가의 화해와 용서의 삶을 살게 하소서.

주 예수 그리스도의 이름으로 기도합니다. 아멘

여호와의 율법은 완전하여 영혼을 소성시키며 여호와의 증거는 확실하여 우둔한 자를 지혜롭게 하며 여호와의 교훈은 정직하여 마음을 기쁘게 하고 여호와의 계명은 순결하여 눈을 밝게 하시도다 (시편 19편 7절-8절)

094 생활신앙을 위한 기도(2)

주여, 오늘도 제게 일어날 사건을 통하여 주의 뜻을 이루소서. 이 나라 방방곡곡에서 일어나는 일들을 통하여 주의 공의가 실현되기를 원합니다. 먼저 제가 앞장서서 행하게 하시고, 이 땅의 교회가 기도를 쉬지 않게 하소서. 우는 자들과 함께 울며, 즐거워하는 자들과 함께 즐거워하게 하소서. 질병의 고통 중에 있는 자에게 위로가 되게 하시며, 분쟁과 다툼이 있는 곳에 평화의 도구가 되게 하소서. 억눌린 자와 배고픈 자에게 자유와 풍요로움을 나누게 하소서.

주여, 제가 행할 일과 발걸음을 주장해 주셔서 선을 행하게 하시고, 주가 정하신 때에 열매를 거두기까지 낙심하지 않고 기다리게 하소서. 이 일을 행할 때에 저는 쇠할지라도 주는 흥하소서. 존귀와 영광은 주께서 홀로 받으시고, 저는 멸시와 천대를 받을지라도 감사로 받게 하소서. 생활신앙인으로서 언제 어디에서나 빛이요, 소금이게 하소서.

주 예수 그리스도의 이름으로 기도합니다. 아멘

─◆─

나의 반석이시요 나의 구속자이신 여호와여 내 입의 말과 마음의 묵상이
주님 앞에 열납되기를 원하나이다 (시편 19편 14절)

095 생활신앙을 위한 기도(3)

주여, 주께서는 가난한 이웃에게 냉수 한 그릇을 대접하는 의미를 가르쳐 주셨습니다. 가난한 사람을 사랑하는 것이 곧 주를 사랑하는 것이요, 눈에 보이는 사람의 고난에 동참하는 것이 곧 눈에 보이지 않는 하나님을 섬기는 것입니다. 주를 섬긴다고 하면서 형식이나 외식에 빠지지 않게 하셔서 눈에 보이는 가난한 이웃을 사랑하게 하소서. 추위 속에 굶주리며, 허기에 지친 사람들을 향한 관심과 사랑이 멈추지 않게 하소서.

주여, 생활신앙이 몸에 배게 하셔서 하루 24시간을 허송세월하지 않게 하시고, 주를 위하여 기쁘게 살아가게 하소서. 기도로 시작한 하루를 기도로 마치게 하시고, 기쁨과 감사의 열매를 거두게 하소서.

주 예수 그리스도의 이름으로 기도합니다. 아멘

—·◆·—

또 누구든지 제자의 이름으로 이 작은 자 중 하나에게 냉수 한 그릇이라도 주는 자는 내가 진실로 너희에게 이르노니 그 사람이 결단코 상을 잃지 아니하리라 하시니라 (마태복음 10장 42절)

교회

목회자

위정자

공직자

법조인

기업인

096 목회자를 위한 기도(1)

교회의 머리이신 주여, 주께서 피로 값을 주어 세운 교회와 교회를 섬기는 목회자들을 위해 기도합니다. 지금까지 참으로 훌륭하고 존경할만한 목회자들을 세워 한국교회를 섬기게 하신 주께 감사드립니다. 이기풍 목사님을 세우셔서 여명기의 한국교회를 부흥케 하시고, 주기철 목사님을 통하여 일제 강점기에 어떤 핍박에도 굴하지 않고 믿음을 지킬 수 있는 은혜를 주셔서 감사합니다. 손양원 목사님을 세우셔서 소외되고 불쌍한 환우를 돌보며, 자식을 죽인 원수마저도 사랑하고 품을 수 있게 하신 은혜를 감사합니다.

주여, 이런 훌륭한 믿음의 선배들이 흘린 피와 땀, 눈물로 부흥성장한 한국교회가 지금은 여러 분야에서 병들어 있는 것도 부인할 수 없습니다. 일부 대형교회 담임목사직의 세습이 사회적 지탄의 대상이 되고, 선교와 구제라는 교회 본질을 떠나 물량적인 확장과 성장에 매달린 목회자가 교회 안팎에서 비판을 받기도 합니다. 이사야 선지자가 말한 대로 발바닥에서 머리까지 성한 곳이 없이 상한 것과 터진 것과 새로 맞은 흔적뿐입니다. 그러나 무릎으로 새벽강단을 지키며 교회를 교회되게 애쓰는 수많은 목회자들의 헌신과 기도를 먼저 기억해 주소서. 그들의 영육을 강건함으로 지켜주소서.

예수 그리스도의 이름으로 기도합니다. 아멘

———— ··•·· ————

너희가 어찌하여 매를 더 맞으려고 패역을 거듭하느냐 온 머리는 병들었고
온 마음은 피곤하였으며 발바닥에서 머리까지 성한 곳이 없이 상한 것과 터
진 것과 새로 맞은 흔적뿐이거늘 그것을 짜며 기름으로 부드럽게 함을 받지
못하였도다 (이사야 1장 5절–6절)

097 목회자를 위한 기도(2)

주여, 주의 몸된 교회를 무릎으로 섬기는 목회자들을 위해 기도합니다. 한 사람을 그리스도 안에 완전한 자로 세워 제자 삼는 일에 진력하는 목회자들에게 힘을 공급해 주소서. 이사야 선지자에게 보여주신 환상처럼 목회자들에게도 작은 자가 천 명을 이루고 약한 자가 강국을 이루는 날을 속히 허락해 주소서. 교회를 위해 해산의 고통을 아끼지 않는 목회자들에게 갑절의 영감을 주소서. 육신의 건강을 지켜주시며, 가정에도 평안을 주소서.

주여, 소명 하나로 강단을 지키는 목회자들이 선한 목자이신 주를 본받게 하셔서 맡겨주신 양떼를 푸른 풀밭으로, 잔잔한 물가로 인도하게 하소서. 모든 양떼를 구별 없이 사랑으로 돌봐주는 사랑의 사도가 되게 하소서. 잃어버린 한 마리 양을 찾아 헤매는 목자가 되게 하시고, 약한 교우들을 더 보듬어 안는 사랑을 베풀게 하소서. 목양일념으로 애쓸 때 주께서 주시는 위로와 평안으로 힘을 얻게 하소서.

예수 그리스도의 이름으로 기도합니다. 아멘

----◆----

네 백성이 다 의롭게 되어 영원히 땅을 차지하리니 그들은 내가 심은 가지요 내가 손으로 만든 것으로서 나의 영광을 나타낼 것인즉 그 작은 자가 천 명을 이루겠고 그 약한 자가 강국을 이룰 것이라 때가 되면 나 여호와가 속히 이루리라 (이사야 60장 21절-22절)

098 교회를 위한 기도(1)

주여, 어둠의 시대에 도처에 교회를 세워 세상을 향한 등대가 되게 하신 은혜를 감사합니다. 수많은 믿음의 선진들이 순교의 피를 흘려 지켜온 교회의 터 위에 후진들의 신앙이 뿌리 내리게 하시고, 점점 견고하게 자라나게 하소서. 그 무엇과도 바꿀 수 없는 신앙의 자부심과 지켜야 할 신앙의 본질이 저들 속에 가득하게 하소서.

주여, 연약한 제가 등불의 심지를 돋우지 못하여 은혜를 상실한 자처럼 잠들어버린 것을 고백합니다. 세상 속에서 도리를 다하지 못했을 뿐 아니라 불의한 구조와 타협하여 신앙양심을 팔 때도 있었습니다. 용서해 주소서. 주여, 교회가 시대의 징조를 깨달아 알 수 있게 하시고, 임박한 진노의 때가 지금인 줄 알게 하소서. 교회를 통해 잠든 영혼을 깨우는 파수꾼의 역할을 감당하게 하소서.

교회의 주인이신 예수 그리스도의 이름으로 기도합니다. 아멘

───◆◆◆◆───

거기서 내가 너와 만나고 속죄소 위 곧 증거궤 위에 있는 두 그룹 사이에서 내가 이스라엘 자손을 위하여 네게 명령할 모든 일을 네게 이르리라
(출애굽기 25장 22절)

099 교회를 위한 기도(2)

주여, 주께서 복음의 파수꾼으로 삼으신 교회들이 도처에서 나라와 민족을 위해 아침과 저녁으로 기도할 때 하늘에서 들으소서. 여호와를 자기 하나님으로 삼은 백성들은 복이 있다고 성경에서 언약하신 대로 이 나라와 민족이 주를 믿는 나라와 민족이 되게 하소서.

주여, 주의 선지자와 예언자들에게 은혜와 성령을 물 붓듯이 부어주신 것처럼 교회를 섬기는 목회자들에게도 은혜와 성령으로 동행해 주소서. 교회마다 주의 말씀과 교훈으로 부흥케 하시며, 사랑과 정의의 물결이 넘쳐흐르는 영적 각성의 시대를 열어가게 하소서. 사망의 음침한 골짜기에 마른 뼈처럼 죽어가는 시대에 교회에 생기의 바람을 불어넣어 주소서. 교회마다 진리의 바람, 정의의 바람, 사랑의 바람이 불어 우리 사회에 만연한 부패와 부조리를 개혁하는 시대의 파수꾼이 되게 하소서.

교회의 주인이신 예수 그리스도의 이름으로 기도합니다. 아멘

이러한 백성은 복이 있나니 여호와를 자기 하나님으로 삼는 백성은 복이 있도다 (시편 144편 15절)

내가 사망의 음침한 골짜기로 다닐지라도 해를 두려워하지 않을 것은 주께서 나와 함께 하심이라 주의 지팡이와 막대기가 나를 안위하시나이다 (시편 23편 4절)

100 개척교회를 위한 기도(1)

잃어버린 영혼을 구하기 위해 교회를 세우신 주여, 목양의 일선에서 충성스럽게 일하는 개척교회 목회자들을 위해 기도합니다. 어렵고 힘든 사역이지만 주의 부르심에 순종하여 묵묵히 사명을 감당하는 개척교회 목회자들을 기억해 주소서. 크고, 높고, 풍요로운 것만을 성공이라고 말하는 시대에 작은 것을 소중히 여기며, 궁핍에 찌들지 않고 당당하게 주의 공의를 외치는 목회자들에게 힘을 공급해 주소서.

주여, 오직 주만 바라보는 고백과 결단으로 시작한 개척교회 사역입니다. 목회자의 눈물과 땀방울이 묻어난 곳마다 광야에 백합화 피듯 주의 손길을 체험하는 기적의 간증이 있게 하소서. 새벽 미명에 차디찬 예배당 바닥에 뒹굴며 주 없이는 한 걸음도 내딛을 수 없다고 부르짖는 간절한 기도에 응답해 주소서.

예수 그리스도의 이름으로 기도합니다. 아멘

- - ◆ ◆ -- -

너희는 여호와를 만날 만한 때를 찾으라 가까이 계실 때에 그를 부르라
(이사야 55장 6절)

101 개척교회를 위한 기도(2)

주여, 추운 새벽에도 오직 주의 나라와 주의 의를 구하며 교회의 새벽 강단 아래에서, 혹은 깊은 산골 속 적막한 기도원에 엎드려 부르짖는 개척교회 목회자들의 기도를 들으소서. 낮은 자리가 마땅히 설자리인 줄 알고 주의 뒤를 따르는 개척교회 목회자들을 위로하여 주소서.

주여, 이스라엘 백성을 광야로 인도해 내실 때 그들은 주께서 보내신 것으로 먹었고, 주께서 내신 물을 마셨습니다. 또 대적하는 무리들과 싸울 때는 두 손 들어 기도하며 주께 구할 때 승리했던 것을 기억합니다. 이같은 주의 역사와 기적을 믿고 의지하며 무릎 꿇은 개척교회 목회자들의 간구에 응답해 주소서.

예수 그리스도의 이름으로 기도합니다. 아멘

───◆───

내가 호렙 산에 있는 그 반석 위 거기서 네 앞에 서리니 너는 그 반석을 치라 그것에서 물이 나오리니 백성이 마시리라 모세가 이스라엘 장로들의 목전에서 그대로 행하니라 (출애굽기 17장 6절)

102 농어촌교회를 위한 기도

　농어민들의 바빠지는 손길을 아시는 주여, 심는 대로 거둔다는 진리를 믿고, 오늘도 논과 밭, 어장으로 나아가는 농어민들에게 하늘의 크신 은총을 내려주소서. 산업화와 도시화의 물결을 따라 많은 농어민들이 고향을 등졌지만 지금도 여전히 농어촌을 지키는 이들에게 희망과 용기를 베풀어 주소서.

　자비로우신 주여, 농어촌의 피폐로 말미암아 주의 몸된 농어촌교회 마저 많은 어려움을 떠안고 있습니다. 농어촌교회를 섬기는 목회자들에게도 한없는 위로와 은혜를 더해 주소서.

　주여, ‘너희는 가서 모든 민족을 제자로 삼아 아버지와 아들과 성령의 이름으로 세례를 베풀고 내가 너희에게 분부한 모든 것을 가르쳐 지키게 하라’는 주의 말씀을 따라 농어촌 각 처에 교회가 세워진 것을 감사합니다. 아직도 미자립 상태의 농어촌교회 모든 교회들이 자립을 넘어 교회를 세우신 뜻에 합당한 사역을 활발히 펼칠 수 있게 도우소서.

　예수 그리스도의 이름으로 기도합니다. 아멘

그러므로 너희는 가서 모든 민족을 제자로 삼아 아버지와 아들과 성령의 이름으로 세례를 베풀고 내가 너희에게 분부한 모든 것을 가르쳐 지키게 하라 볼지어다 내가 세상 끝날까지 너희와 항상 함께 있으리라 하시니라 (마태복음 28장 19절~20절)

103 위정자를 위한 기도(1)

인류 역사를 주관하시는 주여, 이 나라의 위정자들을 위해 기도합니다. 통치권자로 세운 대통령과 모든 정치 지도자들이 역사를 주관하고 심판하실 하나님을 진정으로 두려워하게 하소서. 위정자들이 하나님을 두려워함으로써 하나님이 위임하신 권세를 바르게 행사하며, 백성을 섬기는 겸손한 자세로 선한 정치를 펴게 하소서.

이 나라를 다스리시는 주여, 위정자들에게 권세를 주신 것은 악을 제재하고 선을 도모함으로써 국가의 안녕과 질서를 유지하라는 책임인 줄 압니다. 모든 위정자들이 하나님을 경외하는 마음으로 정의를 하수같이, 공법을 물같이 흐르게 하는 데에 앞장서게 하셔서 이 나라가 맑고 밝은 나라가 되도록 인도하소서. 위정자들을 위해 기도하는 저 역시 모든 경건과 단정한 중에 하나님을 바르게 섬기고, 구주 예수 그리스도의 구원 역사를 이 땅에서 이뤄갈 수 있게 하소서.

주 예수 그리스도의 이름으로 기도합니다. 아멘

그 동안에 무리 수만 명이 모여 서로 밟힐 만큼 되었더니 예수께서 먼저 제자들에게 말씀하여 이르시되 바리새인들의 누룩 곧 외식을 주의하라 감추인 것이 드러나지 않을 것이 없고 숨긴 것이 알려지지 않을 것이 없 나니 이러므로 너희가 어두운 데서 말한 모든 것이 광명한 데서 들리고 너희가 골방에서 귀에 대고 말한 것이 지붕 위에서 전파되리라 내가 내 친구 너희에게 말하노니 몸을 죽이고 그 후에는 능히 더 못하는 자들을 두려워하지 말라 마땅히 두려워할 자를 내가 너희에게 보이리니 곧 죽인 후에 또한 지옥에 던져 넣는 권세 있는 그를 두려워하라 내가 참으로 너 희에게 이르노니 그를 두려워하라 (누가복음 12장 1절-5절)

104 위정자를 위한 기도(2)

주여, 이 나라의 위정자들을 위해 기도합니다. 대통령과 정치인들이 하나님을 두려워하고, 백성들을 무서워할 줄 아는 겸허한 심령이 되게 하소서. 성경에는 주를 대적한 사람이나 나라는 멸망의 길로 갔고, 주를 경외하고 두려워하는 사람이나 나라는 흥왕했던 기록들이 수없이 있습니다. 정부는 백성들을 실망시키지 않는 정책으로 신뢰를 받게 하시고, 새로운 정치풍토와 새로운 가치관, 새로운 국민윤리가 살아나게 하소서. 계층간, 세대간. 지역간의 대립과 갈등이 해소되어 균형 잡힌 경제발전이 이루어지게 하소서.

주여, 저들도 모두 언젠가는 주의 심판대에 서게 될 것입니다. 이 땅의 부정부패가 사라지고, 비리사범들이 자취를 감추는 사회가 도래하게 하소서. 구태의연한 과거를 하루 빨리 청산하고, 사회의 모순들이 행세하지 못하는 사회, 선한 양심이 살아있는 사회가 되게 하소서. 위정자들이 두렵고 떨리는 마음으로 주를 경외하며, 겸손한 마음으로 백성들을 섬기게 하소서. 주께서 저들을 한 번도 버리지 않으셨듯이 이 나라 위정자와 백성들도 주를 버리지 않도록 저들의 마음과 생각을 지켜주소서.

주 예수 그리스도의 이름으로 기도합니다. 아멘

하나님이여 나를 살피사 내 마음을 아시며 나를 시험하사 내 뜻을 아옵
소서 내게 무슨 악한 행위가 있나 보시고 나를 영원한 길로 인도하소서
(시편 139편 23절–24절)

105 위정자를 위한 기도(3)

주여, 대통령과 위정자들에게 은혜를 베풀어 주소서. 각계 각층의 지도자들에게도 은혜를 베푸소서. 이들이 위로는 하나님을 두려워하고, 아래로는 백성들을 사랑하게 하시며, 맡은 바 직무를 성실히 감당하게 하소서. 이들에게 모세와 같은 지도력을 주시고, 예레미야와 같이 백성들을 위하여 눈물을 흘리게 하시며, 이사야 선지자와 같이 백성들이 겪는 고난의 자리로 찾아가게 하소서.

주여, 대통령과 위정자, 사회 지도자들이 예수님의 마음으로 겸손히 섬기는 자가 되게 함으로써 국민들은 지도자들을 신뢰하게 하시며, 국법질서가 바로 잡혀 온 국민이 평안을 누리게 하소서. 이를 위하여 이 땅의 교회가 사명감을 갖고 기도하게 하시며, 먼저 빛을 내는 삶을 살게 하소서.

주여, 이 땅에 만연해 있는 물질 만능주의와 황금 사상, 사치 풍조가 사라지고, 특히 그리스도인의 가치관이 세상을 좇지 않고 주의 기준에 합당하도록 변하게 하소서.

주 예수 그리스도의 이름으로 기도합니다. 아멘

———◆———

너희가 내게 대하여 제사장 나라가 되며 거룩한 백성이 되리라 너는 이 말을 이스라엘 자손에게 전할지니라 (출애굽기 19장 6절)

106 위정자를 위한 기도(4)

주여, 이 나라 역사를 주관하소서. 이 나라 지도자들을 위해 기도합니다. 이 나라의 공복인 저들에게 정직한 영을 부어주셔서 국민이 선택한 정부, 국민을 위한 지도자인 것을 항상 기억하게 하소서. 특히 국민의 선택으로 뽑힌 지도자들이 백성을 두려워하고 나아가 하나님을 두려워할 줄 알게 하소서.

주여, 이 나라의 정치와 경제, 사회, 교육, 문화, 예술 등 모든 영역에서 주의 말씀이 법과 질서가 되게 하셔서 대통령으로부터 모든 국민에 이르기까지 하나님을 경외하고 섬기는 하나님의 백성이 되어 하나님의 영광을 드러내는 나라가 되게 하소서.

주 예수 그리스도의 이름으로 기도합니다. 아멘

땅의 모든 끝이 여호와를 기억하고 돌아오며 모든 나라의 모든 족속이 주의 앞에 예배하리니 나라는 여호와의 것이요 여호와는 모든 나라의 주재심이로다 (시편 22편 27절–28절)

107 크리스천 정치인을 위한 기도

주여, 주의 심판을 두려워하며 기도하는 믿음의 정치인을 위해 기도합니다. 정치 일선에 있는 크리스천 정치인들이 시대의 아픔과 민족의 미래를 위해 하나님의 정의와 목숨 바친 주의 사랑을 의정활동으로 나타내게 하소서. 정의가 강물처럼 흐르는 비전을 바라보게 하시고, 주의 정의를 이루는 정치를 펼칠 수 있는 희생과 용기를 주소서.

주여, 폭풍우가 몰아치는 바람 앞에서도 등불을 끄지 않으시고 다시 소생할 수 있도록 길이 참으시는 주의 사랑을 증언하게 하소서. 저들이 주의 마음을 품고 깊은 골짜기에서, 보이지 않는 음지에서 일하더라도 주께서는 아십니다. 그곳에 세우신 주의 뜻을 이루기까지 정의를 분명히 하고, 끝없는 사랑을 베푸시는 주의 은총을 사모하도록 은혜를 더하소서.

십자가에서 온전히 이루신 예수님의 이름으로 기도합니다. 아멘

상한 갈대를 꺾지 아니하며 꺼져가는 등불을 끄지 아니하고 진실로 정의를 시행할 것이며 (이사야 42장 3절)

108 공직자를 위한 기도(1)

주여, 국민의 안녕과 복리증진을 위해 헌신 봉사하는 공직자를 위해 기도합니다. 법을 집행하는 공직자들이 선과 악을 잘 분별하고, 정의와 불의를 잘 분별할 수 있는 지혜를 얻게 하소서. 사회를 어둡게 하는 모든 죄악과 부정, 불의를 깨끗이 척결해 내고, 선과 정의가 승리할 수 있도록 공직자의 마음과 생각을 지켜 주소서. 그들을 통하여 주의 공의가 실현되게 하셔서 자유와 질서, 평화가 균형 잡힌 나라를 건설하게 하소서.

주여, 공직자들이 부정과 부패, 불의에 빠지면 이 나라가 소돔과 고모라 같은 멸망의 길을 갈 수밖에 없습니다. 밝은 태양빛에 어두운 밤이 사라지고 광명의 세계가 되듯이 의의 태양이신 주께서 공의의 밝은 빛을 비춰주셔서 살기 좋은 광명의 나라가 되게 하소서. 모든 공직자들이 주를 경외하는 자로 세워 주시고, 솔로몬에게, 다니엘에게 주셨던 지혜를 그들에게도 주소서.

예수 그리스도의 이름으로 기도합니다. 아멘

악인에게 네가 옳다 하는 자는 백성에게 저주를 받을 것이요 국민에게 미움을 받으려니와 오직 그를 견책하는 자는 기쁨을 얻을 것이요 또 좋은 복을 받으리라 (잠언 24장 24절–25절)

109 공직자를 위한 기도(2)

주여, 이 나라를 긍휼히 여기소서. 정치, 경제적으로 혼란스러운 이 때 대통령과 모든 공직들이 바른 정치를 행하며, 백성들을 바르게 섬길 수 있도록 은혜와 지혜를 주소서. 모든 공직자들이 겸손하여 백성들을 존중히 여기며, 사리사욕에 어둡지 않도록 붙들어 주소서. 국방의 일선에서 수고하는 장병들도 파수꾼의 사명을 잘 감당하게 하시고, 십자가의 군병들이 되게 하소서.

주여, 이 나라가 다시는 종의 멍에를 메지 않도록 붙드시며, 이 땅에 주의 말씀과 성령이 살아 움직이는 역사가 있게 하소서. 특히 국리민복을 위해 일하는 크리스천 공직자들에게 은혜를 더하여 주셔서 그들을 통하여 민족복음화가 앞당겨지며, 주를 섬기는 제사장 나라가 되게 하소서. 남북이 화해하여 통일을 이루게 하소서. 공직자들의 가정과 그들이 섬기는 직장과 일터를 악한 영들이 주관하지 못하게 하시고, 성령의 충만함과 다스림 속에 주의 뜻이 이뤄지기를 원합니다.

예수 그리스도의 이름으로 기도합니다. 아멘

너희가 내게 대하여 제사장 나라가 되며 거룩한 백성이 되리라 너는 이 말을 이스라엘 자손에게 전할지니라 (출애굽기 19장 6절)

110 법조인을 위한 기도

주여, 공의와 정의로 심판하시는 주께 겸손히 머리 숙여 기도합니다. 과거나 현재나 인간의 육신은 탐욕을 좇아 죄를 짓는 타락한 존재입니다. 범죄로 인하여 심판 받을 죄인을 판단해야 할 법조인을 위하여 기도합니다. 사람이 사람을 정죄하는 것은 참으로 어렵고도 중요한 일인데, 법조인에게 주의 지혜를 주시고, 은혜를 베풀어 주소서. 무거운 책임으로 어려운 사명을 감당할 때 공의로운 재판이 이뤄질 수 있도록 능력과 권세로 도와주시기를 간절히 원합니다.

주여, 일찍이 솔로몬에게 주신 지혜로운 판단을 모든 법조인에게도 주셔서 원고와 피고, 모든 이해관계자들이 수긍하는 재판이 이뤄지게 하소서. 단 한 번의 실수나 잘못된 판단으로 범죄자가 되어 수감 중에 있는 모든 재소자들에게는 감정적인 참회를 넘어 사도 바울이 옥중에서 체험했던 신비로움의 믿음을 갖게 해주소서.

진리로 자유케 하시는 예수님의 이름으로 기도합니다. 아멘

———◆———

그 때에 정의가 광야에 거하며 공의가 아름다운 밭에 거하리니 공의의 열매는
화평이요 공의의 결과는 영원한 평안과 안전이라 (이사야 32장 16절–17절)

155

111 기업인을 위한 기도(1)

주여, 이 나라의 기업인들을 위해 기도합니다. 어려운 환경을 딛고 견실한 기업을 세우기까지 노심초사 일해 온 저들의 땀을 기억해 주소서. 기업이 번창하도록 인도하시며, 30배, 60배, 100배의 결실을 맺을 때마다 한마음으로 일했던 노동자들과 함께 그 기쁨을 나누게 하소서.

주여, 기업인들에게 먼저 물질보다 더 소중한 영혼이 있다는 것을 깨우쳐 알게 하시며, 사람의 생명은 잠깐 보이다가 없어지는 존재이지만 영원한 세계가 있다는 것을 가르쳐 알게 하소서. 경제행위에 앞서 인간의 행위에 주목하게 하시고, 돈보다는 사람을 먼저 생각하게 하소서. 사업의 확장과 이윤 창출에 매몰되지 않고, 노동자의 피땀을 기억하며, 기업이 감당해야 할 사회적 사명을 알게 하소서. 얼마나 많은 이윤을 남겼느냐 보다는 어떻게 그 이윤을 남겼는지를 생각하게 하소서. 많은 돈을 버는 기쁨 못지않게 선한 곳에 돈을 쓰는 기쁨이 크다는 것도 알게 하소서.

주여, 특히 크리스천 기업인들은 신앙 양심을 따라 기업을 경영하게 하셔서 정직하게 경영해도 주가 함께 하심으로 기업이 성장하고 성공할 수 있다는 증거가 나타나게 하소서.

예수 그리스도의 이름으로 기도합니다. 아멘

들으라 너희 중에 말하기를 오늘이나 내일이나 우리가 어떤 도시에 가서 거기서 일 년을 머물며 장사하여 이익을 보리라 하는 자들아 내일 일을 너희가 알지 못하는도다 너희 생명이 무엇이냐 너희는 잠깐 보이다가 없어지는 안개니라 (야고보서 4장 13절–14절)

112 기업인을 위한 기도(2)

주여, 국가경제발전을 위해 크게 이바지하고 있는 기업인들을 위해 기도합니다. 저들에게 새 힘과 우수한 아이디어를 주셔서 저들이 생산한 상품이 국내외 시장에서 월등한 경쟁력을 가질 수 있게 하소서. 기업을 경영할 때 기대감과 함께 몰려오는 두려움과 어려움이 있을지라도 낙심하거나 포기하지 않는 열정과 용기를 주소서. 피곤하여 지쳐 쓰러지지 않게 하시고, 다시 일어설 수 있는 기회를 주소서.

주여, 양심적인 기업인들을 통해 이 나라 경제가 부흥할 수 있기를 원합니다. 기업윤리를 저버리는 기업인들로 인하여 가진 자가 없는 자를 억압하는 갑질이 사회문제가 되기도 합니다. 최대이윤 창출이라는 기업의 목적이 지나쳐 돈의 지배에서 벗어나지 못하고, 황금만능주의가 기업인들의 양심을 지배하여 돈의 굴레에서 자유롭지 못한 경우도 있습니다. 주여, 저들을 불쌍히 여겨 선한 양심을 회복하게 해주소서.

예수 그리스도의 이름으로 기도합니다. 아멘

------ ◆ ------

마음의 경영은 사람에게 있어도 말의 응답은 여호와께로부터 나오느니라 사람의 행위가 자기 보기에는 모두 깨끗하여도 여호와는 심령을 감찰하시느니라 너의 행사를 여호와께 맡기라 그리하면 네가 경영하는 것이 이루어지리라 (잠언 16장 1절-3절)

113 기업인을 위한 기도(3)

기업과 일터를 주시고, 일할 수 있는 건강을 주신 주여, 감사합니다. 오늘도 주의 영광을 드러내는 믿음의 기업인을 위해 기도합니다. 주의 이름으로 시작한 기업체가 더 발전하게 하시고, 주께서 능력을 더해 주소서. 기업은 하나님이 맡겨주신 것이오니 하나님께 영광이 되고, 하나님이 기뻐하시며, 하나님의 뜻대로 운영하게 하소서. 모든 기업이 주의 뜻대로 경영하게 하시며, 주 안에서 최선을 다할 수 있는 기업인들이 되게 하소서.

기업의 주인이신 주여, 불경기 속에서도 하나님이 함께 하시는 소망으로 이끌어 주시며, 그 모든 것 위에 지혜를 더해 주셔서 언제나 어려움을 이기게 도우소서. 예기치 않은 경영난을 만날지라도 극복할 수 있는 힘과 용기를 주소서.

은혜가 풍성하신 주여, 특히 믿음의 기업인들이 예수님에게서 배우고, 주님처럼 봉사하며 섬기는 자가 되게 하소서. 선교한국과 사랑의 실천을 위하여 믿음의 기업체들이 더욱 성장하게 하시고, 즐겁고 감사한 마음과 성실함으로 최선을 다할 수 있도록 인도하소서.

예수 그리스도의 이름으로 기도합니다. 아멘

————•◆•·————

여호와를 경외하며 그의 길을 걷는 자마다 복이 있도다 네가 네 손이 수고한 대로 먹을 것이라 네가 복되고 형통하리로다 네 집 안방에 있는 네 아내는 결실한 포도나무 같으며 네 식탁에 둘러 앉은 자식들은 어린 감람나무 같으리로다 여호와를 경외하는 자는 이같이 복을 얻으리로다 여호와께서 시온에서 네게 복을 주실지어다 너는 평생에 예루살렘의 번영을 보며 네 자식의 자식을 볼지어다 이스라엘에게 평강이 있을지로다 (시편 128편 1절–6절)

다음세대

청소년

소년소녀가장

114 다음세대를 위한 기도(1)

거룩하신 주여, 우리 민족의 꿈인 다음세대, 청소년을 위해 기도합니다. 지금까지 청소년에 대한 깊은 이해와 관심이 부족했던 것을 먼저 고백하오니 용서해 주소서.

힘과 소망을 주시는 주여, 제 눈을 열어 방황하는 청소년의 현실을 살피게 하시고, 저들의 심령 속에 바른 가치관이 자라고, 그리스도의 따스한 사랑으로 채워지게 하소서. 그래서 다음세대인 청소년들에게 삶의 희망과 기쁨이 넘치게 하시고, 저들이 민족의 내일을 열어갈 때 주의 나라가 실현되는 것을 보게 하소서.

자비로우신 주여, 다음세대인 청소년들이 마음껏 꿈을 펼쳐감으로써 살맛나는 세상이 되게 하소서. 먼저 어른들은 건전한 삶의 모범을 보이고, 덕을 쌓을 수 있도록 믿음과 용기를 주소서. 청소년들이 후회 없는 내일을 맛볼 수 있도록 한국교회가 사랑을 쏟고, 물질을 투자하는 지혜를 갖게 하소서.

예수님의 이름으로 기도합니다. 아멘

하나님이여 주는 나의 하나님이시라 내가 간절히 주를 찾되 물이 없어 마르고 황폐한 땅에서 내 영혼이 주를 갈망하며 내 육체가 주를 앙모하나이다 내가 주의 권능과 영광을 보기 위하여 이와 같이 성소에서 주를 바라보았나이다 주의 인자하심이 생명보다 나으므로 내 입술이 주를 찬양할 것이라 이러므로 나의 평생에 주를 송축하며 주의 이름으로 말미암아 나의 손을 들리이다 (시편 63편 1절–4절)

115 다음세대를 위한 기도(2)

주여, 죄악과 폭력이 난무하는 악한 시대에 청소년을 위해 기도합니다. 10대 청소년이 저지른 끔찍한 범죄와 학교폭력, 사소한 일에도 목숨을 버리는 자살 소식이 뉴스로 전해집니다. 요즘 청소년들이 다른 사람을 배려하지 않는 이기주의와 힘든 일을 회피하는 안일주의, 모든 일을 쉽게만 하려는 경향이 있어 이를 걱정하게 됩니다. 그러나 이는 산업화와 도시화, 대중화에 따른 사회변화로 인해 가정과 학교, 사회의 가치관이 흔들리고 생활관이 달라진 결과가 빚어낸 병리입니다. 주여, 먼저 사회 공동의 책임을 인식하게 하소서.

주여, 청소년은 이 나라와 민족의 미래를 책임질 보배요, 장차 주의 나라를 이어갈 희망입니다. 청소년들이 건전하게 자랄 수 있도록 학교가 진정한 인간교육의 도장이 되게 하소서. 청소년들에게 건전한 정신과 정서를 가꿀 수 있도록 가정과 학교, 사회가 교육환경을 개선하는 데에 앞장서게 하소서. 따뜻한 인간애와 봉사정신, 공동체 정신을 함양하는 것이 교육의 목표가 되게 하소서. 연약한 청소년에게는 환경에 지배당하지 않고 환경을 지배할 수 있는 담력을 주시고, 좋은 교우관계가 이뤄지게 하소서.

예수 그리스도의 이름으로 기도합니다. 아멘

———◆◆◆———

주의 권능의 날에 주의 백성이 거룩한 옷을 입고 즐거이 헌신하니 새벽
이슬 같은 주의 청년들이 주께 나오는도다 (시편 110편 3절)

116 다음세대를 위한 기도(3)

주여, 다음세대인 청소년들이 새 학기를 맞아 새로운 꿈을 갖고, 학업을 잘 감당하게 도우소서. 솔로몬에게 주셨던 지혜를 그들에게도 주셔서 올바른 인격자로 성장하게 하소서. 도처에 도사리고 있는 유해한 환경들에 노출되지 않도록 인도하시고, 탈선의 길에 들어서지 않게 보호해 주소서. 여러 가지 요인에 따라 방황하는 청소년들이 안정을 되찾아 나라와 민족의 기둥 같은 일꾼으로 성장하게 하소서.

주여, 가사와 학업을 병행해야 하는 소년소녀가장들도 기억해 주소서. 그들에게 은혜를 베푸셔서 꿈과 용기를 잃지 않고 어려움을 잘 극복하게 해 주소서. 학업을 마치고 사회에 첫 발을 내딛는 청년들에게는 사회구성원으로서 모자람이 없을 만큼의 지혜와 건강을 허락해 주소서. 어떠한 고난과 시련이 온다고 할지라도 끝까지 인내하게 하시며, 성실한 삶으로 극복해 낼 수 있게 용기를 주소서.

예수 그리스도의 이름으로 기도합니다. 아멘

주의 인자하심이 생명보다 나으므로 내 입술이 주를 찬양할 것이라 (시편 63편 3절)

117 다음세대를 위한 기도(4)

주여, 다음세대를 위해 기도합니다. 티 없이 맑고 깨끗하게만 자라나야 할 청소년들이 너무도 힘든 환경에 노출돼 있습니다. 오염된 물속의 물고기처럼 유해한 환경에서 청소년들이 발버둥을 치고 있습니다. 학업성적을 올리는 데만 급급한 나머지 친구를 사귀는 일이나 인성계발에는 소홀한 실정입니다. 오로지 대학입시를 위하여 촘촘히 짜진 시간표대로 살아가고 있어, 자칫 가정마저도 저들의 보금자리 기능을 상실할까 두렵습니다.

주여, 이 어려운 여건 속에서 자라나는 청소년들을 주의 법으로 인도해 주소서. 주의 말씀이 진리요, 사랑인 것을 부모가 먼저 깨달아 알게 하시고, 선한 목자이신 주께 지혜를 구하게 하소서. 저들은 주의 길을 따라가는 주의 기르시는 양이 되게 하소서. 저에게 넉넉한 마음을 주셔서 청소년을 이해하며, 저들에게 먼저 손을 내밀어 제가 주의 자녀인 것을 사람 앞에 나타내게 하소서.

예수 그리스도의 이름으로 기도합니다. 아멘

우리는 주의 백성이요 주의 목장의 양이니 우리는 영원히 주께 감사하며 주의 영예를 대대에 전하리이다 (시편 79편 13절)

118 고민하는 청소년을 위한 기도

주여, 지난밤에 밤잠을 설치며 고민하던 청소년을 기억해 주소서. 가족 갈등이나 친구간의 다툼, 남녀간의 이성문제인지 우리는 알 수 없으나 머리털 하나까지도 세시는 주께서는 저들의 처지와 형편을 아십니다. 저들의 고민을 풀어주소서. 입학시험을 앞둔 청소년들이 성적에 대한 압박감으로 염려하고 있을 때 불안을 떨쳐낼 수 있는 믿음의 담력을 주소서.

주여, 암탉이 그 날개 아래 새끼를 모으듯이 저들을 주의 따뜻한 날개 아래 포근히 감싸 품어 주소서. '염려할 것 없으니 두려워 말라, 놀라지 말라, 담대하라, 내가 너와 함께 한다'고 말씀해 주소서. 또 말씀해 주소서. '나는 너의 하나님이니 참으로 내가 너희를 도와주리라, 너희가 세상에서는 고민하는 일을 당하나 두려워할 것 없다, 내가 세상을 이기었다'고. 주께서 말씀하실 때 저들은 독수리가 날개를 치며 올라가듯 새 힘을 얻을 줄 믿습니다.

예수 그리스도의 이름으로 기도합니다. 아멘

두려워하지 말라 내가 너와 함께 함이라 놀라지 말라 나는 네 하나님이
됨이라 내가 너를 굳세게 하리라 참으로 너를 도와 주리라 참으로 나의
의로운 오른손으로 너를 붙들리라 (이사야 41장 10절)

119 청소년을 위한 기도

주여, 청소년을 위해 기도합니다. 청소년은 감수성이 예민한 시기에 있어 의지는 약하고, 지혜는 부족하여 자칫 허망한 곳에 뜻을 두기 쉽습니다. 불의를 기뻐하지 않으며, 진리와 함께 기뻐해야 함에도 불의를 미워하기 보다는 타협하기 쉬운 때이기도 합니다. 저들을 의의 길로 인도해 주소서.

주여, 저들이 헛된 것에 정력을 낭비하는 일이 없게 하시고, 곤고한 날이 이르기 전에 창조주를 기억하게 하소서. 청소년기에 올바른 가치관을 가질 수 있도록 인도해 주셔서 그들의 인생관과 세계관이 바르게 형성되게 하소서. 청소년이 바로 서야 나라가 바로 서고, 청소년이 넘어질 때 사회적 비용이 커질 뿐 아니라 나라의 미래가 어두울 수밖에 없습니다. 저들이 가정과 나라의 꽃으로, 희망으로, 주인공으로 성장해 가게 도우소서.

예수 그리스도의 이름으로 기도합니다. 아멘

사랑은 오래 참고 사랑은 온유하며 시기하지 아니하며 사랑은 자랑하지 아니하며 교만하지 아니하며 무례히 행하지 아니하며 자기의 유익을 구하지 아니하며 성내지 아니하며 악한 것을 생각하지 아니하며 불의를 기뻐하지 아니하며 진리와 함께 기뻐하고 (고린도전서 13장 4절-6절)

120 소년소녀가장을 위한 기도

주여, 소년소녀가장을 위해 기도합니다. 부모와 헤어진 저들의 슬픔을 위로해 주소서. 부모의 사랑은 높고 높은 하늘보다 더 높고, 넓고 넓은 바다보다 더 넓다고 노래하지만 그 보다 더 크신 주의 사랑으로 저들을 품어주소서. 음부보다 깊고, 영원보다 길고 긴 주의 사랑으로 저들을 품어주셔서 희망과 용기를 잃지 않게 하소서.

주여, 사람이 그 친구와 이야기함같이 모세와 대면하여 말씀하신 하나님을 기억합니다. 아브라함을 가리켜 벗이요, 친구라고 말씀하신 주여, 이 땅의 소년소녀가장의 친구로 오소서. 그들 곁에 늘 가까이 계셔서 도와주시고, 앞길을 인도해 주소서.

주여, 저들이 눈을 들어 하늘을 바라보게 하시고, 가장 높이 날아 가장 멀리 보는 새처럼 큰 꿈과 이상을 펼칠 수 있게 인도하소서. 저들이 내일을 내다보며 오늘 하루를 보람 있게 살게 하소서.

예수 그리스도의 이름으로 기도합니다. 아멘

-----◆-----

우리가 사방으로 우겨쌈을 당하여도 싸이지 아니하며 답답한 일을 당하여도 낙심하지 아니하며 박해를 받아도 버린 바 되지 아니하며 거꾸러뜨림을 당하여도 망하지 아니하고 (고린도후서 4장 8절-9절)

군인

부부

소외된 자

장애인

병약자

낙심자

지구촌

구직자

선교사

농부

간호사

연로자

121 국군장병을 위한 기도

모든 힘의 근원이요, 지혜의 원천이신 주여, 이 나라 국군장병들의 마음을 강하고 담대하게 하소서. 지난 밤사이에도 155마일 휴전선과 동서남해안에서 밤을 지새우며 지켜온 장병들이 있었습니다. 혹한의 추위 속에서도 수많은 훈련을 통해 인내를 배우게 하시고, 불굴의 신념과 군인정신으로 조국을 지키게 하소서.

저의 방패와 성이 되시는 주여, 천천만만의 적들이 에워싼다해도 주가 지켜주심으로 인해 우리에게는 안전함이 있습니다. 이 나라에 다시는 전쟁이 없는 평화로운 나라가 되게 하소서. 하늘에서나 바다에서나 육지에서도 주의 온전하신 보호가 있음으로 인하여 평화가 있는 조국강산이 되게 하소서. 졸지도 않으시고, 주무시지도 않으시며 이 나라를 지켜주신 주의 은혜에 감사드립니다.

예수 그리스도의 이름으로 기도합니다. 아멘

내가 산을 향하여 눈을 들리라 나의 도움이 어디서 올까 나의 도움은 천지를 지으신 여호와에게서로다 여호와께서 너를 실족하지 아니하게 하시며 너를 지키시는 이가 졸지 아니하시리로다 이스라엘을 지키시는 이는 졸지도 아니하시고 주무시지도 아니하시리로다 여호와는 너를 지키시는 이시라 여호와께서 네 오른쪽에서 네 그늘이 되시나니 낮의 해가 너를 상하게 하지 아니하며 밤의 달도 너를 해치지 아니하리로다 여호와께서 너를 지켜 모든 환난을 면하게 하시며 또 네 영혼을 지키시리로다 여호와께서 너의 출입을 지금부터 영원까지 지키시리로다 (시편 121편 1절–8절)

122 신혼부부를 위한 기도

주여, 신혼부부를 위해 기도합니다. 뼈 중의 뼈요, 살 중의 살이라며 짝을 찾은 기쁨은 잠시 뿐이고, 서로 책임을 전가하면서 고독해진 아담과 하와를 생각합니다. 신혼의 단꿈에서 깨어나기도 전에 작은 실수로 서로 원망하고, 서로 자존심 안에 갇혀 지내기도 합니다. 결혼 전에 가졌던 꿈이 사라진다고 느낄 때도 있습니다. 천사도 아니고, 악마도 아닌 인간으로서 서로 사랑하고, 서로 용납하여 화목한 부부, 든든한 가정을 이루게 하소서.

주여, 아내와 남편이 좋은 남편, 좋은 아내를 찾기보다는 자신이 좋은 아내, 좋은 남편이 되게 하소서. 남편은 아내를 기쁘게 하고, 더 나아가 주를 기쁘게 하는 남편감으로 훈련되게 하소서. 물질과 명예, 정욕의 노예가 아닌 주의 종이 된 것으로 만족하는 남편이 되게 하소서. 주여, 슬기로운 아내는 여호와께로 말미암는다고 하셨으니 아내는 그 값이 진주보다 더 귀한 현숙한 아내로 준비되게 하소서.

예수 그리스도의 이름으로 기도합니다. 아멘

———— ·••· ————

아담이 이르되 이는 내 뼈 중의 뼈요 살 중의 살이라 이것을 남자에게서 취하였은즉 여자라 부르리라 하니라 (창세기 2장 23절)

123 고통 받고 있는 이웃을 위한 기도(1)

주여, 오늘도 주께서는 '수고하고 무거운 짐 진 자들아, 다 내게로 오라. 내가 너희를 쉬게 하리라.'고 짐 진 자들을 초청하고 계신 줄 믿습니다. 광야 같은 세상에서 고통을 당하는 자들을 불쌍히 여기시고, 저들에게 참 평안과 안식을 주소서.

주여, 질병의 고통을 당하는 사람에게는 권능의 손을 펴서 치료해 주소서. 비록 인간의 힘으로는 치료할 수 없을지라도 치료의 광선을 비춰 주소서. 실패해 좌절하고 낙담한 사람들에게는 친구가 되어 주시고, 새 힘을 얻어 다시 일어서게 하소서. 사랑하는 이를 잃고 슬픔과 고독에 잠겨있는 이들을 위로하여 주시고, 하늘의 소망을 갖고 살아가게 하소서. 배신을 당해 허탈감에 빠진 사람에게 다가가셔서 그들이 참사랑을 알고 주와 사귀는 기쁨을 누리게 하소서.

예수 그리스도의 이름으로 기도합니다. 아멘

─────◆◆◆─────

수고하고 무거운 짐 진 자들아 다 내게로 오라 내가 너희를 쉬게 하리라
(마태복음 11장 28절)

124 고통 받고 있는 이웃을 위한 기도(2)

주여, 무거운 짐으로 고통 중에 있는 이웃을 위해 기도합니다. 부모를 잃은 자들에게 주께서 친아버지가 되어 주셔서 저들의 일생을 인도해 주소서. 저도 그들의 처지를 주의 마음같이 품어 사랑을 나눌 수 있게 하소서.

주여, 오해와 갈등, 대립과 핍박 속에서 마음에 상처를 입고 괴로워하는 이들도 있습니다. 바울 사도가 주님이 나의 증인이라고 고백함으로써 모든 고난과 핍박을 이겨냈듯이 저들도 주의 도우심으로 이겨내게 하시고, 모든 속박과 고통에서 해방되게 하소서.

주여, 저에게도 이웃이 당하는 고통에 아파할 수 있는 마음을 주시고, 그 고통을 나눌 수 있는 사랑이 있게 하소서. 보이는 형제를 사랑하지 못하고, 보이지 않는 하나님을 사랑한다고 할 수 없다고 하신 것처럼 고통 중에 있는 형제를 돌아보아 주의 사랑을 증거하게 하소서.

예수 그리스도의 이름으로 기도합니다. 아멘

누구든지 하나님을 사랑하노라 하고 그 형제를 미워하면 이는 거짓말하는 자니 보는 바 그 형제를 사랑하지 아니하는 자는 보지 못하는 바 하나님을 사랑할 수 없느니라 (요한일서 4장 20절)

125 억눌린 자를 위한 기도(1)

주여, 억눌리고, 굶주리고, 착취당하는 이들을 위해 기도합니다. 하나님의 형상대로 창조된 사람이 범죄 타락하여 사탄의 종 노릇을 합니다. 또 사탄의 압제 아래에 있는 자들에게 억눌리고, 굶주리고, 착취를 당하는 사람도 있습니다. 권력을 악용하여 인권을 탄압하고, 부익부 빈익빈의 부조리로 인하여 가진 자가 없는 자를 억압합니다. 인생의 주인이신 하나님을 두려워할 줄 모르고, 힘없는 자들의 주인 행세를 하며, 그들의 것마저 착취하는 저들을 보고 계시는 주여, 언제까지입니까?

주여, 억눌린 자에게 참 자유를 주소서. 굶주린 자들에게 일용할 양식을 주소서. 착취당하는 자들을 착취하는 손아귀에서 빼내어 주소서. 도우실 분은 오직 주밖에 없습니다. 저는 다만 기도할 수밖에 없습니다. 저의 기도에 응답하셔서 저들에게 참 자유를, 참 부유함을, 참 소유를 주소서. 가난한 자에게 아름다운 소식을 전해 주소서.

예수 그리스도의 이름으로 기도합니다. 아멘

주 여호와의 영이 내게 내리셨으니 이는 여호와께서 내게 기름을 부으사 가난한 자에게 아름다운 소식을 전하게 하려 하심이라 나를 보내사 마음이 상한 자를 고치며 포로된 자에게 자유를, 갇힌 자에게 놓임을 선포하며 (이사야 61장 1절)

126 억울한 자를 위한 기도(2)

주여, 선물로 주신 오늘 하루도 시대를 분별할 수 있는 눈을 주시고, 세월을 아끼는 지혜를 갖게 하소서. 제 이웃에는 잘못된 사회적 관습과 제도로 인해 고통을 당하여 그 억울함을 호소하는 분들이 있습니다. 저들이 억울한 일로 인하여 낙심하거나 낙망하지 않도록 모든 사회적 악습들이 고쳐지게 하소서. 주의 형상을 닮은 모든 이들이 험한 세파에 시달릴 때에 이길만한 용기를 갖고 헤쳐 나갈 수 있게 도우소서.

주여, 우리 사회의 그늘진 곳에서 신음하는 이들을 돌아보소서. 크고 작은 정성과 사랑을 나누는 훈훈함이 영하권의 강추위도 녹일 줄 믿습니다. 자신의 잘못으로 수감 중인 자에게는 모든 죄악의 올무에서 벗어나게 하시고, 정의를 외치다 투옥된 자에게는 공의로우신 주께서 심판장이 되어 풀어주소서. 더 이상 억울한 일을 당하는 자들이 없도록 주의 정의가 강같이 흐르게 하소서.

주 예수님의 이름으로 기도합니다. 아멘

―•◆•―

오직 정의를 물같이, 공의를 마르지 않는 강같이 흐르게 할지어다 (아모스 5장 24절)

127 장애인을 위한 기도

주여, 무관심과 냉대, 차별 속에서 고통 받고 있는 장애인을 위해 기도합니다. 모든 인간은 하나님을 닮은 형상으로 지어진 존재임에도 불구하고 그들의 아픔과 불편을 돌아보지 못했던 것을 고백합니다. 용서해 주소서. 장애인들이 당하는 모든 어려움을 해결할 수 없을지라도 먼저 그들이 겪는 아픔을 함께 나눌 수 있는 선한 이웃이 되게 하소서.

주여, 장애인의 몸은 비록 불편할지라도 그들의 달란트가 주의 나라를 위해 쓰이게 하시고, 교회가 나서 그들을 선교동역자로서, 사회 구성원으로서 정정당당하게 살아가도록 돕게 하소서. 교회가 장애인 선교의 한 축을 담당해 주를 예배하는 데에 불편하지 않도록 교회 시설을 갖추게 하소서.

주여, 장애인도 스스로 깨어 일어나 비장애인과 어깨를 나란히 하며 구원 받은 그리스도인으로서 믿음과 소망, 사랑의 삶을 살아가게 하소서. 장애가 오히려 주의 능력 있는 도구가 될 수 있음을 깨닫게 하셔서 아름다운 주의 자녀로 세워지게 하소서. 주께서 죄인인 저와 동행해 주신 것처럼 저도 장애인을 돌보아 그리스도의 사랑을 나타내게 하소서.

주 예수 그리스도의 이름으로 기도합니다. 아멘

그러므로 형제들아 내가 하나님의 모든 자비하심으로 너희를 권하노니 너희 몸을 하나님이 기뻐하시는 거룩한 산 제물로 드리라 이는 너희가 드릴 영적 예배니라 너희는 이 세대를 본받지 말고 오직 마음을 새롭게 함으로 변화를 받아 하나님의 선하시고 기뻐하시고 온전하신 뜻이 무엇인지 분별하도록 하라 (로마서 12장 1절-2절)

128 약한 자를 위한 기도

주여, 강한 자가 약한 자를 차별하고 억압하는 이른바 '갑질 문화'가 횡행하는 시대에 살고 있습니다. 건물이나 시설은 날로 현대화되어 가지만 약한 자와 장애인을 위한 편의시설은 따라가지 못하고 있습니다. 보행길이나 횡단보도, 지하도 계단이나 고층건물, 심지어 화려한 교회 예배당 계단도 불편합니다. 이러한 실정을 안타깝게 지켜보시는 주여, 노약자와 장애인들이 겪는 어려움을 살펴 주시고, 하나님이 지으신 거룩한 형상인 저들이 차별받지 않게 도우소서.

주여, 마음의 외로움으로 고통을 겪고 있는 자들의 약함을 붙잡아 주소서. 주께서 약속하신대로 가난한 자에게는 아름다운 소식, 위로의 복음을 주소서. 포로된 자에게는 자유를, 눈 먼 자에게는 다시 보게 함을, 눌린 자에게는 억압으로부터 해방되는 기쁨을 주소서. 주를 경외하는 저들에게 의로운 해가 떠올라서 치료하는 광선을 비춰주셔서 저들이 외양간에서 뛰어나오는 송아지같이 건강하게 하소서. 주 앞에서 모든 이가 평등, 평화, 자유를 구가하게 하소서.

주 예수 그리스도의 이름으로 기도합니다. 아멘

주 여호와의 영이 내게 내리셨으니 이는 여호와께서 내게 기름을 부으사 가난한 자에게 아름다운 소식을 전하게 하려 하심이라 나를 보내사 마음이 상한 자를 고치며 포로된 자에게 자유를, 갇힌 자에게 놓임을 선포하며 (이사야 61장 1절)

129 약한 자, 병든 자를 위한 기도

저를 위해 예수님을 이 땅에 보내주신 주여, 예수님은 저의 죄악을 담당하시려고 오셔서 무거운 멍에를 가볍게 하시고, 제 짐을 대신 맡아주셨습니다. 주께 짐을 맡긴 제가 슬플 때나 기쁠 때나 날마다 주를 의지하게 하소서. 오늘도 세월을 허송하지 않고, 작은 일에 충성함으로써 큰일을 감당하는 복을 누리게 하소서.

인간의 몸으로 오셔서 십자가에서 피 흘려 죽기까지 비참한 고통을 당하신 주여, 약한 자와 병든 자를 위로해 주소서. 저희의 고통을 아시는 주여, 저희의 부르짖음을 들어 주소서. 약하고 병들어 고생하는 모든 자들에게 전능하신 주의 손길이 필요합니다. 치유하시는 손길로 모든 병든 자를 만나 주소서. 치유의 은총을 입은 자들이 하나님께 감사와 영광의 찬송을 드리게 하소서. 제가 주를 의지하며, 절망하지 않고 인내하여 마침내 승리하게 하소서. 삶의 모든 영역에서 주를 선택하고, 주의 편에 굳게 서게 하소서.

치유자로 오신 예수님의 이름으로 기도합니다. 아멘

———◆———

예수께서 온 갈릴리에 두루 다니사 그들의 회당에서 가르치시며 천국 복음을 전파하시며 백성 중의 모든 병과 모든 약한 것을 고치시니 그의 소문이 온 수리아에 퍼진지라 사람들이 모든 앓는 자 곧 각종 병에 걸려서 고통 당하는 자, 귀신 들린 자, 간질하는 자, 중풍병자들을 데려오니 그들을 고치시더라 (마태복음 4장 23절–24절)

130 상처 받은 자를 위한 기도

주여, 진실이 왜곡된 역사로 인하여 상처를 받은 자들을 위로해 주소서. 상처받고 찢어진 이들의 심령을 위로해 주시고, 왜곡된 역사를 바로 세워 주소서. 억울한 일을 당하여 울분을 감추지 못하는 이들에게 주의 성령이 주시는 평안을 얻게 하셔서 용서와 화해를 이루게 하소서.

주여, 인생의 목표와 방향을 잃고 위기에 처한 이들이 그리스도의 십자가를 통하여 인생의 의미를 깨닫게 하소서. 육체적인 질병과 경제적인 파탄으로 위기에 몰린 이들도 주께서 공급해 주시는 힘과 용기로 일어서게 도우소서. 인간관계 속에서 상처를 받아 마음이 상한 자들에게 주님이 친구가 되어 성령의 위로와 치유가 있게 하소서.

'너는 내 것이라' 며 부르신 주여, 저들의 발이 미끄러져 위기 속에 던져질 때에 붙들어 주시고, 역경에서도 주의 손을 잡고 일어서게 하소서.

예수 그리스도의 이름으로 기도합니다. 아멘

———◆◆———

네가 물 가운데로 지날 때에 내가 너와 함께 할 것이라 강을 건널 때에 물이 너를 침몰하지 못할 것이며 네가 불 가운데로 지날 때에 타지도 아니할 것이요 불꽃이 너를 사르지도 못하리니 (이사야 43장 2절)

131 낙심한 자를 위한 기도(1)

주여, 주의 일을 하다가 상처를 입고 낙심한 이들을 기억하소서. 저들에게 영원한 소망이 되시고, 때가 이르면 알아주시고, 처리해 주시는 주의 섭리를 깨닫게 하소서. 낙심하지 않고 굳건한 신앙을 지켜 오직 주만 바라보는 인내의 믿음을 주소서. 낙심한 그곳에도 주가 계심을 믿게 하소서. 위로와 안식을 얻기 위하여 주의 말씀 앞에 앉아있는 그곳에 성령으로 임재해 주소서. 저들에게 세상 끝날까지 함께 하시는 분이심을 믿게 하소서.

주여, 현재의 고난을 받아들일 수 있는 마음을 갖게 하소서. '일어나 걸으라'는 주의 음성을 들을 때 일어설 수 있는 힘과 용기를 주소서. 방황하는 이들에게는 새 힘을 공급해 주셔서 갈 길을 알게 하시며, 낙심한 자들도 새 힘을 얻어 새 삶을 결단할 수 있게 하소서. 저들을 눈동자처럼 지켜주시고 보호해 주시는 주만 바라보게 하소서. 오늘도 기쁨과 즐거움으로 새날을 시작할 수 있도록 은혜를 베푸소서.

예수 그리스도의 이름으로 기도합니다. 아멘

생각하건대 현재의 고난은 장차 우리에게 나타날 영광과 비교할 수 없도다
(로마서 8장 18절)

132 낙심한 자를 위한 기도(2)

주여, 주께서는 날마다 새 날을 선물로 주시는데, 저는 선물로 받은 시간들을 헛되이 보낸 것을 용서해 주소서. 제 이웃에는 어려운 삶의 문제로 인해 고민과 갈등 속에서 남모르는 눈물을 흘리며 괴로워하는 분들이 있습니다. 저들이 삶의 풍랑과 폭풍 속에서도 좌절하지 않고 다시 일어설 수 있도록 주의 크신 능력의 팔로 붙들어 주셔서 살아계신 주의 능력을 직접 체험하게 하소서. '할 수 있거든이 무슨 말이냐. 믿는 자에게는 능히 하지 못할 일이 없느니라' 하신 주의 말씀의 능력을 믿습니다. 주는 저들의 능력이요, 저들의 도움이십니다.

주여, 저들에게 닥친 모든 시험과 환난을 이겨내게 하시고, 저들이 승리의 기쁨을 맛보아 주를 높여 찬양하게 하소서. 그래서 주가 지금도 살아계시고, 저들과 함께 계심을 만민이 알아 많은 영혼들이 주께로 돌아오게 하소서. 저들을 주의 증인 삼아 주소서.

예수 그리스도의 이름으로 기도합니다. 아멘

예수께서 이르시되 할 수 있거든이 무슨 말이냐 믿는 자에게는 능히 하지
못할 일이 없느니라 하시니 (마가복음 9장 23절)

133 지구촌 굶주리는 이웃을 위한 기도

주여, 제 마음에는 낭비와 탐욕으로 가득합니다. 숨겨둔 재물에서는 썩는 냄새가 나는 데도 가난한 이웃의 굶주리는 한숨소리를 외면한 죄악이 있습니다. 양손에 떡을 움켜쥐고도 남의 떡에 눈독을 들이기도 했습니다. 주여, 이 욕망의 사슬을 끊어 주소서. 재물에 가려져 보이지 않던 이웃을 볼 수 있는 이해와 관용, 자비의 마음을 주소서. 피맺힌 가난과 굶주림에 허덕이던 지난날을 돌아보게 하셔서 작은 사랑을 기다리다 지쳐 있는 기아난민들과 어린 생명들까지도 기억나게 하소서.

옥에 갇힌 자를 돌아보며 배고픈 자들을 먹이는 것이 곧 주께 한 것이라고 하신 주여, 저는 사랑의 빚진 자입니다. 보이는 이웃을 돌아보지 않으면서 보이지 않는 주를 어떻게 사랑할 수 있겠습니까? 이웃을 내 형제 자매로 품을 수 있는 사랑의 마음을 주소서. 피부색이 다르고, 언어와 풍습이 다른 이방인일지라도 복음 안에서 묶여있는 한 형제자매입니다. 한국교회와 우리 민족을 풍족하게 하신 것은 이 때를 위한 주의 계획이신 줄 압니다. 생명을 전하는 그리스도인으로서 복음을 전할 때 빵도 나눌 줄 알게 하소서.

예수 그리스도의 이름으로 기도합니다. 아멘

내가 주릴 때에 너희가 먹을 것을 주었고 목마를 때에 마시게 하였고 나
그네 되었을 때에 영접하였고 헐벗었을 때에 옷을 입혔고 병들었을 때에
돌보았고 옥에 갇혔을 때에 와서 보았느니라 (마태복음 25장 35절-36절)

134 구직자를 위한 기도

주여, 땅에 있는 것을 구하기 전에 주의 나라와 그의 의를 구하라는 말씀을 따라 위에 있는 것을 구할 줄 아는 신령한 지혜를 주소서. 먹고 마실 것이 없어 기갈이 아니라 주의 말씀이 없어 방황하고 헤매는 시대에 그리스도의 계절이 오게 하셔서 모든 사람이 풍성한 삶을 누리게 하소서.

주여, 한참 일할 나이에 퇴직한 사람들과 일자리를 얻지 못한 젊은이들이 있습니다. 일할 곳이 없어 불안해하는 이들에게 현실을 잘 타개할 수 있는 지혜와 능력을 주소서. 우리 사회가 안정된 가운데 지속적인 발전으로 새로운 일자리가 생겨나게 하시고, 누구나 열심히 일함으로써 보람 있는 삶, 안정된 삶을 누리게 하소서. 노사가 서로 사랑 안에서 협력하며, 기업들이 투자를 늘릴 수 있는 환경이 조성되어 경제가 활성화 되게 하소서. 모든 두려움과 근심에서 벗어나게 하시고, 희망과 용기를 가지고 무한한 가능성에 도전하게 하소서.

예수 그리스도의 이름으로 기도합니다. 아멘

여호와께서 집을 세우지 아니하시면 세우는 자의 수고가 헛되며 여호와께서 성을 지키지 아니하시면 파수꾼의 깨어 있음이 헛되도다 너희가 일찍이 일어나고 늦게 누우며 수고의 떡을 먹음이 헛되도다 (시편 127편 1절~2절)

135 농부를 위한 기도

자기 육체를 위하여 심는 자는 육체로부터 썩어질 것을 거두고 성령을 위하여 심는 자는 성령으로부터 영생을 거두리라고 하신 주여, 농사를 천직으로 알고 씨 뿌리고 가꾸어 추수하는 농부들에게 은혜를 베푸소서. 심는 대로 거두는 진리는 영적인 이치나 자연적인 이치가 같습니다. 많이 심는 자는 많이 거두고 적게 심는 자는 적게 거두는 것이 진리입니다. 진리가 진리로 열매 맺게 하시고, 진실이 진실로 열매 맺게 하소서.

농부들이 일군 토지 위에 이른 비와 늦은 비를 내려 주시는 주여, 오직 주께만 소망이 있습니다. 어떤 경우에도 낙심하거나 실망하지 않게 하셔서 하늘의 도우심으로 풍작을 거두게 하소서.

주여, 도시로 떠났던 자식들이 부모가 살았던 농촌으로 돌아와 살기 좋은 땅을 일굴 때 삶의 기쁨과 소망이 넘치게 하소서. 그들의 수고와 땀방울이 변하여 저들의 복이 되게 하시고, 나아가 부강한 나라를 이루는 초석이 되게 하소서. 더불어 농촌교회가 살아나 농부들의 찬양 소리가 온 예배당에 가득하게 하소서.

예수 그리스도의 이름으로 기도합니다. 아멘

———·◆·◆·◆·———

여호와께서 너희의 땅에 이른 비, 늦은 비를 적당한 때에 내리시리니 너희가 곡식과 포도주와 기름을 얻을 것이요 또 가축을 위하여 들에 풀이 나게 하시리니 네가 먹고 배부를 것이라 (신명기 11장 14절-15절)

136 간호사를 위한 기도

주여, 환자들을 돌보는 간호사들을 위해 기도합니다. 원치 않던 사고와 병마의 위협으로 불안과 두려움에 싸여있는 환자들과 그들을 돌보는 간호사들에게 먼저 주의 사랑이 임하기를 원합니다. 주께서 버려진 죄인들을 거절하지 않으시고, 썩고 병든 육체를 사랑으로 껴안으실 때마다 치유의 역사가 나타났던 것처럼 믿음과 사랑의 심정으로 환자들을 돌보는 간호사들의 손길이 닿는 이마다 속히 회복되게 하시고, 때로는 기적이 나타나게 하셔서 주의 영광이 드러나게 하소서.

주여, 피곤한 몸을 이끌고 밤을 새우며 병실과 수술실, 응급실에서 환자들을 돌보는 간호사들에게 건강과 지혜, 용기를 더하여 주소서. 그리스도의 마음을 품고 간호를 감당할 때마다 환자들의 마음과 영혼까지 치유되게 하소서. 소망을 잃어버린 환자와 가족들에게는 밝은 소망을 줄 수 있는 평화의 도구가 되게 하소서. 간호사는 주께서 병원에 파송하신 선교사요, 한국의 나이팅게일이며 테레사입니다. 그들이 병상에서 신음하는 환자들에게 등대가 되고, 그들이 손 내밀어 일으켜 줄 때마다 주의 마음도 전해지게 하소서.

예수 그리스도의 이름으로 기도합니다. 아멘

———•◆•◆•———

그 온 지방으로 달려 돌아 다니며 예수께서 어디 계시다는 말을 듣는
대로 병든 자를 침상째로 메고 나아오니 아무 데나 예수께서 들어가시
는 지방이나 도시나 마을에서 병자를 시장에 두고 예수께 그의 옷 가에
라도 손을 대게 하시기를 간구하니 손을 대는 자는 다 성함을 얻으니라
(마가복음 6장 55절–56절)

137 연로하신 어르신을 위한 기도

주여, 지난 밤 저희의 육체가 잠들어 있을 때에도 천군천사로 지키시고, 생명을 연장해 주신 것을 감사합니다. 연로하신 어르신을 위해 기도합니다. 누구에게나 육체를 가지고 있는 동안에는 구원의 기회이며, 육체가 살아있는 동안에 주를 위해 일할 수 있는 기회가 공평하게 주어져 있음을 압니다. 연로하신 어르신들이 비록 육신이 연약하여 일할 수 없을지라도 영적인 호흡인 기도를 통해 날마다 주와 교제하게 하소서.

주여, 주와 영적인 교제 안에 있을 때 외로움이 물러가게 하시고, 천국 소망으로 가득 찬 여생을 살게 하소서. 주가 부르실 때까지 추한 모습을 드러내지 않고, 맑은 영혼과 건강한 육신으로 살게 하소서. 연로하신 어르신을 모시는 가족도 주의 마음을 품어 열과 성을 다하게 하소서. 은혜를 잊어버리고 사는 것은 시험에 들기 쉬우니, 은혜를 헤아려 더욱 감사가 넘치게 하소서.

주 예수 그리스도의 이름으로 기도합니다. 아멘

만일 어떤 과부에게 자녀나 손자들이 있거든 그들로 먼저 자기 집에서 효를 행하여 부모에게 보답하기를 배우게 하라 이것이 하나님 앞에 받으실만한 것이니라 (디모데전서 5장 4절)

나라

민족

조국

통일

138 분단 조국의 통일을 간구하는 기도

사랑과 은혜가 풍성하신 주여, 황무지와 같았던 이 땅에 그리스도의 복음이 깊게 뿌리를 내리고 주께서 세우신 교회를 통해 시대적 복음선교 사명을 충성스럽게 감당할 수 있도록 인도하신 것을 감사합니다. 주의 교회에서 뜨거운 회개의 기도가 마르지 않게 하소서. 우리나라가 정치, 경제, 문화, 사회 등 모든 영역이 안정된 가운데 성장해 강대국 대열에 서기를 원합니다. 먼저는 한국교회와 성도들이 범사에 사랑의 수고와 봉사, 헌신으로 충성하게 하시고, 썩어지는 한 알의 밀알이 되게 하소서.

주여, 민족 분단의 아픔을 안타깝게 바라보는 한국교회가 교파와 교리를 초월해 언제나 예수 그리스도의 사랑으로 화합하고 연합하게 하소서. 날마다 우리 민족을 향하신 하나님의 귀한 뜻을 찾으며, 한 걸음 한 걸음씩 통일을 위해 기도하게 하소서. 더나아가 복음의 빚진 자로서 세계선교를 위해 일익을 감당하는 교회가 되게 하소서. 북녘 땅 비밀한 곳에서 소리를 죽이며 드리는 기도와 전후방 군부대에서 언 손을 모아 기도하는 젊은 초병들의 간구에 응답하소서. 다시는 이 땅에서 전쟁의 비극이 일어나지 않도록 불꽃같은 주의 눈으로 이 민족을 지켜주소서.

예수님의 이름으로 기도합니다. 아멘

보라 형제가 연합하여 동거함이 어찌 그리 선하고 아름다운고 머리에 있
는 보배로운 기름이 수염 곧 아론의 수염에 흘러서 그의 옷깃까지 내림
같고 헐몬의 이슬이 시온의 산들에 내림 같도다 거기서 여호와께서 복을
명령하셨나니 곧 영생이로다 (시편 133편 1절–3절)

139 민족 복음화를 위한 기도

우리 민족을 사랑하시는 주여, 민족복음화를 위해 주의 은총을 간구합니다. 이 민족을 위해 복음을 주시고, 놀라운 결실을 맺게 하신 것을 감사합니다. 그러나 아직도 이 땅에는 그늘진 곳, 소외된 곳, 복음의 빛을 보지 못하고 어두움에 있는 자들이 많습니다. 아직도 복음을 듣지 못하고 십자가의 사랑을 알지 못하는 형제들이 있습니다. 그들을 긍휼히 여기시고, 복음을 들을 수 있는 그날을 속히 주소서.

주여, 복음을 먼저 듣고 믿은 제가 빛을 내지 못하고 도리어 복음의 빛을 가로막고, 주의 사랑을 가리는 잘못을 행하지 않은 지 심히 죄스럽고 부끄럽습니다. 저를 도우셔서 흑암의 땅에 빛을 비추러 오신 주의 발자취를 따라 저도 세상에서 작은 빛을 비추게 하소서. 빛을 본 많은 사람들이 빛으로 나올 수 있도록 은혜를 주소서.

사랑이 풍성하신 주여, 북녘의 형제들을 굽어보시고, 이스라엘이 애굽에서 탄식할 때 그들을 돌아보신 것처럼 저들을 기억해 주소서. 북녘의 동포들도 주를 찬양하고 예배하는 날이 속히 이르게 하소서. 그래서 동토의 땅이 다시 복음으로 꽃이 피어나 옛 평양의 예루살렘이 회복되게 하소서.

주 예수 그리스도의 이름으로 기도합니다. 아멘

외치는 자의 소리여 이르되 너희는 광야에서 여호와의 길을 예비하라 사막에서 우리 하나님의 대로를 평탄하게 하라 골짜기마다 돋우어지며 산마다 언덕마다 낮아지며 고르지 아니한 곳이 평탄하게 되며 험한 곳이 평지가 될 것이요 여호와의 영광이 나타나고 모든 육체가 그것을 함께 보리라 이는 여호와의 입이 말씀하셨느니라 (이사야 40장 3절–5절)

140 주를 경외하는 민족을 위한 기도(1)

주여, 주를 경외하기를 기뻐하는 종들의 기도를 들으소서. 우리 민족이 복음으로 하나 되어 주를 경외하는 나라가 되게 하소서. 호흡이 있는 모든 자들이 주를 알고 경외하기를 원합니다. 믿음의 조상 아브람과 이삭과 야곱이 주를 경외한 것같이 우리 민족도 주를 경외하게 하소서. 주 앞에서 범죄치 않게 하시고, 교만과 거만함, 악한 행실과 거짓, 패역한 입술과 술수, 우상숭배와 탐욕을 버리고, 모든 악에서 떠나 오직 주를 경외하며 살아가게 하소서.

주여, 우리 민족이 서로 속이지 말게 하시고, 부당한 이익을 취하지 않게 하시고, 공인을 엄하게 부리지 말게 하소서. 이웃을 미워하지 않게 하시고, 서로 사랑하며 불쌍히 여겨 기쁨과 슬픔, 고통을 함께 나누며 살아가게 하소서. 세상에서 사는 날 동안 주 경외하기를 늘 배우게 하시고, 자녀에게는 주의 도를 가르쳐 주께서 명하신 모든 규례와 법도, 계명을 다 지켜 행하게 하소서.

예수 그리스도의 이름으로 기도합니다. 아멘

------◆------

내 아들아 네 아비의 명령을 지키며 네 어미의 법을 떠나지 말고 그것을 항상 네 마음에 새기며 네 목에 매라 그것이 네가 다닐 때에 너를 인도하며 네가 잘 때에 너를 보호하며 네가 깰 때에 너와 더불어 말하리니 대저 명령은 등불이요 법은 빛이요 훈계의 책망은 곧 생명의 길이라 (잠언 6장 20절-23절)

141 주를 경외하는 민족을 위한 기도(2)

주여, 우리 민족이 주를 경외하는 민족이 되게 하소서. 선량한 백성을 미혹하고 국민의 정신건강을 해치는 온갖 우상숭배와 사탄의 문화로 인하여 올바른 삶의 가치와 건전한 상식이 도전 받을 때 주의 말씀으로 깨우쳐 승리케 하소서. 미혹되었던 자들을 새롭게 하시는 주여, 저들을 죄에서 구원해 주소서. 저들이 성령의 인도를 받아 주를 경외하게 하소서.

주여, 실패하고 낙심한 자, 슬픔 속에 있는 자, 마음이 어두운 자에게 밝은 마음을 주소서. 삶의 기쁨을 잃어버리고 절망 속에 있는 자가 기쁨을 되찾고, 육신의 질병으로 고통당하는 자가 회복과 치료의 기쁨을 얻게 하소서. 그들도 신실하신 주의 위로하심을 사모하여 영원히 잃지 않는 큰 구원의 기쁨을 얻게 하소서. 낙심한 자가 다시 일어나 주의 언약을 기억하여 충의와 성심으로 일하게 하소서. 오직 큰 사랑과 큰 능력으로 죄인을 구원하신 주를 경외하게 하소서. 주의 이름을 높이 찬양하는 나라와 민족이 되게 하소서.

예수 그리스도의 이름으로 기도합니다. 아멘

여호와는 말의 힘이 세다 하여 기뻐하지 아니하시며 사람의 다리가 억세다 하여 기뻐하지 아니하시고 여호와는 자기를 경외하는 자들과 그의 인자하심을 바라는 자들을 기뻐하시는도다 (시편 147편 10절-11절)

142 화평한 나라를 위한 기도(1)

저희들이 하나 되기를 원하시는 주여, 주께서 지상에 계실 때 제자들을 위하여 기도하신 것을 기억합니다. 우리 민족은 미래가 불확실한 시대를 살고 있습니다. 남북으로 분열된 이 나라가 정치는 낡은 이념으로, 경제는 빈부격차로, 세대간의 갈등으로 마음과 생각이 갈라져 각자 자기의 옳은 소견대로 행하고 있습니다. 주여, 이 민족이 하나 되게 하소서. 주의 사랑이 널리 전파되어 너와 내가 손잡고 화목하는 날이 속히 오게 하소서.

주여, 마음속의 미움이 사라지고, 불화와 분쟁, 갈등이 불식되는 나라가 되게 인도해 주소서. 눈 흘기는 것과 비방이 변하여 이해와 동정이 있는 나라가 되기를 원합니다. 주께서 세상을 사랑하여 독생자를 주셨듯이 저도 이웃을 사랑하며, 제 몸을 희생하여 이웃을 사랑하게 하소서. 마른 떡 한 조각만 있고도 화목하는 자가 되게 하소서.

화목케 하시는 예수님의 이름으로 기도합니다. 아멘

마른 떡 한 조각만 있고도 화목하는 것이 제육이 집에 가득하고도 다투는 것보다 나으니라 (잠언 17장 1절)

143 화평한 나라를 위한 기도(2)

주여, 주께서 제 인생을 불쌍히 여겨 주신 것같이 저도 이웃을 긍휼히 여기고, 감싸 안을 만큼 넓은 마음을 주소서. 저보다 약한 자에게는 너그럽고, 저보다 강한 자에게는 바른 말하는 정의로운 자가 되게 하소서. 빈부격차가 줄어들고, 이념과 사상의 넓이가 좁아지며, 남녀노소가 차별 받지 않으며, 지위고하로 인하여 종속되지 않는 화평한 나라가 되게 하소서.

주여, 위정자는 국민을 위하고, 국민들은 위정자를 도울 수 있는 화평의 나라가 속히 오게 하소서. 한국 교회 안에 있는 모든 교단 교파가 하나 되게 하시고, 복음을 곡해하고 이해하지 못하는 이단 사이비 집단이 회개하고 돌아와 주의 포근한 마음을 간직하게 하소서. 이 땅에 새하늘과 새땅이 이뤄져 형제와 형제가 화목하고, 서로 사랑하는 화평한 나라가 되게 하소서.

화평자로 오신 예수님의 이름으로 기도합니다. 아멘

나는 세상에 더 있지 아니하오나 그들은 세상에 있사옵고 나는 아버지께로 가옵나니 거룩하신 아버지여 내게 주신 아버지의 이름으로 그들을 보전하사 우리와 같이 그들도 하나가 되게 하옵소서 (요한복음 17장 11절)

144 화평한 나라를 위한 기도(3)

주여, 수많은 굴곡의 근현대사 속에 우리 민족을 보존해 주신 것을 감사합니다. 그러나 아직도 남북분단은 여전하고, 이념갈등과 빈부격차는 해결되지 못한 상태로 남아 있습니다. 집단 이기주의와 향락산업이 팽창하고, 급격히 떨어지는 출산율로 인하여 민족의 미래가 어둡기만 합니다. 나만 잘 살고 보자는 식의 극단적 이기심과 비양심, 비신앙적인 일들이 거셉니다. 주여, 이 나라를 불쌍히 여기소서. 인류역사를 운행하시는 주께서 우리 민족의 역사를 운행해 주소서. 민족의 나아갈 방향을 주께 의탁하고 주를 따르게 하소서.

주여, 완악해져가는 백성들이 마음을 돌이켜 창조주의 섭리를 따르게 하소서. 역사를 운행하시는 주의 섭리와 손길을 터득하고 체험하는 백성이 되게 하소서. 온 백성이 일치된 마음으로 주의 주권을 인정하고 수긍하게 하시고, 특히 주를 섬기는 자들이 주를 의지한다고 하면서도 인간중심으로 살아가려는 두 마음을 품지 않게 도우소서.

화평자로 오신 예수님의 이름으로 기도합니다. 아멘

■◆■

하나님을 가까이하라 그리하면 너희를 가까이하시리라 죄인들아 손을 깨끗이 하라 두 마음을 품은 자들아 마음을 성결하게 하라 (야고보서 4장 8절)

145 북녘동포를 위한 기도

우리 민족을 사랑하시는 주여, 주께서 주시는 평화가 한반도에 넘치게 하소서. 남북의 긴장과 대치 관계가 해소되고, 평화가 조성되어 속히 안정을 되찾게 하소서. 북녘동포들에게 일용할 양식을 주시고, 양식이 없어 기아선상에 놓이는 일을 다시 반복하지 않게 하소서. 그들에게도 자유를 주시고, 생명을 건 탈출을 감행한 동포들의 신변을 지키시며, 체제가 다르고 생소한 곳에서 생활할 때 속히 안정적으로 정착할 수 있게 하소서.

주여, 주 안에서 누리는 자유가 참 자유인 줄 압니다. 북녘동포들에게 복음전파의 문이 열리게 하셔서 그들도 신앙의 자유를 누리게 하소서. 또한 지하에서 신앙을 지키고 있는 형제들에게는 큰 용기와 굳건한 믿음을 주시고, 환난과 핍박을 끝까지 견디어 최후 승리를 얻게 하소서. 이 땅에 있는 모든 백성들에게 세상의 유혹을 이길 힘과 용기, 담대함을 주소서.

평화의 왕이신 예수 그리스도의 이름으로 기도합니다. 아멘

말하는 자의 소리여 이르되 외치라 대답하되 내가 무엇이라 외치리이까 하니 이르되 모든 육체는 풀이요 그의 모든 아름다움은 들의 꽃과 같으니 풀은 마르고 꽃이 시듦은 여호와의 기운이 그 위에 붊이라 이 백성은 실로 풀이로다 풀은 마르고 꽃은 시드나 우리 하나님의 말씀은 영원히 서리라 하라 (이사야 40장 6절-8절)

146 재중동포를 위한 기도

우리 민족을 사랑하시는 주여, 재중동포를 위해 기도합니다. 지난날 중국에 살던 우리 한민족 동포들이 고국에 왔다가 많은 구박과 서러움을 당한 일이 많았습니다. 구타를 당하거나 사기를 당해 중국에 돌아가 산더미 같은 빚과 한을 품고 살아가는 동포도 있습니다. 지구상에 마지막 남았다는 동족 분단의 철조망을 걷어내고, 대동단결해 남북통일로 평화의 꽃을 피워야 할 우리 민족이 돈 문제로 재중동포의 마음을 잃는 잘못을 저질렀습니다. 이런 부끄러운 모습을 주께 아뢰오니 주의 은총으로 용서해 주소서.

주여, 이 아침에 구하오니 중국에 사는 우리 동포들의 아픔과 상처를 치유해 주시고, 그리스도인이 이 화해와 치유 사역에 참여할 수 있도록 지혜로 가르쳐 주소서. 재중동포들이 받아온 상처가 치유되고, 그간 틈이 생기고 갈라지고 깊어진 적대감의 골짜기가 주의 은총으로 메워지게 하소서.

예수 그리스도의 이름으로 기도합니다. 아멘

그 때에 임금이 그 오른편에 있는 자들에게 이르시되 내 아버지께 복 받을 자들이여 나아와 창세로부터 너희를 위하여 예비된 나라를 상속받으라 내가 주릴 때에 너희가 먹을 것을 주었고 목마를 때에 마시게 하였고 나그네 되었을 때에 영접하였고 헐벗었을 때에 옷을 입혔고 병들었을 때에 돌보았고 옥에 갇혔을 때에 와서 보았느니라 이에 의인들이 대답하여 이르되 주여 우리가 어느 때에 주께서 주리신 것을 보고 음식을 대접하였으며 목마르신 것을 보고 마시게 하였나이까 어느 때에 나그네 되신 것을 보고 영접하였으며 헐벗으신 것을 보고 옷 입혔나이까 어느 때에 병드신 것이나 옥에 갇히신 것을 보고 가서 뵈었나이까 하리니 임금이 대답하여 이르시되 내가 진실로 너희에게 이르노니 너희가 여기 내 형제 중에 지극히 작은 자 하나에게 한 것이 곧 내게 한 것이니라 하시고 (마태복음 25장 34절~40절)

새해

절기

예배

주일

명절

147 새해를 맞이하는 기도(1)

주여, 새해 새날을 주셔서 감사합니다. 저에게 새 마음을 주셔서 새롭게 하시고, 새 역사를 이루게 하소서. 새해에는 이 땅에 분쟁이 없게 하소서. 동서가, 남북이 하나가 되게 하소서. 남녀노소와 유무식한 자, 정당과 정당, 노사간에 충돌 보다는 양보와 이해, 협력과 화합을 이루게 하셔서 국제 경쟁력을 키워나가는 성숙한 국민이 되게 하소서.

주여, 새해에는 사치와 낭비, 불의가 사라지고, 정직과 성실이 상식처럼 통하는 나라가 되게 하소서. 침체된 경제가 다시 회복되고 안정되어 실직자가 없고, 구직자에게 일자리가 주어져 경제 불안이 해소되게 하소서. 이 힘이 남북통일을 이루는 초석이 되게 하소서.

주여, 모리배들의 상식 없는 정치라고 비난받는 정치권에는 국민들이 신뢰할 수 있는 선진 정치가 자리 잡게 하소서. 새해에는 나라의 기강이 더욱 튼튼해지고, 백년대계의 교육이 실현되게 하소서.

예수 그리스도의 이름으로 기도합니다. 아멘

너희는 이전 일을 기억하지 말며 옛날 일을 생각하지 말라 보라 내가 새 일을 행하리니 이제 나타낼 것이라 너희가 그것을 알지 못하겠느냐 반드시 내가 광야에 길을 사막에 강을 내리니 (이사야 43장 18절–19절)

148 새해를 맞이하는 기도(2)

새해를 주신 주여, 한 달란트를 맡아 땅 속 깊이 묻어두었다가 책망을 받은 악하고 게으른 종의 심정으로 무거운 한 해를 보냈습니다. 열매가 없어 부끄러운 무화과나무의 모습으로 지난 한 해를 넘기고 말았습니다. 새해가 되었지만 새 결심과 계획을 주 앞에 내어놓기가 두렵고 부끄럽습니다. 실천하지도 못할 다짐을 또 반복할까봐 심히 두렵습니다.

주여, 그러나 '올 한 해만 참으소서.'라며 간청하는 과원지기의 심정이 저를 향한 주의 마음입니다. 저의 게으름과 나태함으로 제게 주신 달란트를 땅에 묻어두는 어리석음을 범치 않게 하소서. 올해는 위에서 부르신 부름의 상을 위하여 힘 있게 뛰어가게 하시고, 많은 열매로 즐거워하며 기뻐하게 하소서.

예수 그리스도의 이름으로 기도합니다. 아멘

그런즉 누구든지 그리스도 안에 있으면 새로운 피조물이라 이전 것은 지나 갔으니 보라 새 것이 되었도다 (고린도후서 5장 17절)

149 새해를 맞이하는 기도(3)

제 생명을 연장하여 새해를 주신 주여, 올해도 예수 안에서 거듭나게 하시고, 새로운 소망 가운데 살게 하소서. 헛된 일에 분요할 수밖에 없었던 저를 불러 생명을 살리고 풍성하게 하는 일에 써 주신 것을 감사합니다. 세월을 아끼며, 주께서 주신 시대적 사명을 감당하게 하시고, 수확하는 계절에 소출이 풍성하게 도우소서.

주여, 모든 민족으로 제자를 삼으라고 하셨으니 올해 전국 각 지역이 복음화를 이루게 하시고, 이 나라의 교회가 세계 모든 민족에게 복음의 빚을 갚는 해가 되기를 원합니다.

주여, 주는 하늘과 땅의 모든 권세를 다 가지셨으며, 복음을 위해 사는 자들과 더불어 세상 끝날까지 함께 하시겠다고 약속하신 분입니다. 새해에도 보혜사로 오셔서 제가 세상의 유혹에 넘어지지 않게 하소서. 주께서 저의 친구가 되셔서 늘 음성을 들려주시며, 힘 주셔서 승리하게 도우소서.

예수 그리스도의 이름으로 기도합니다. 아멘

그런즉 너희가 어떻게 행할지를 자세히 주의하여 지혜 없는 자 같이 하지 말고 오직 지혜 있는 자 같이 하여 세월을 아끼라 때가 악하니라 (에베소서 5장 15절–16절)

150 새해를 맞이하는 기도(4)

주여, 지난해 못나고 구부러지고, 열매가 없어 버려져야 마땅할 저를 용서해 주시고, 다시 한 번 새해의 기회를 주셔서 감사합니다. 새 술이 새 부대에 담겨지듯이 올해는 새 결심이 새 마음에 담겨지게 하소서. 영원히 변치 않으시고, 어제나 오늘이나 동일하신 주만 따라가게 하소서.

주여, 새 옷만 바꿔 입지 않게 하시고, 인간됨이 새로워지게 하소서. 말을 줄이고, 행동이 민첩해지는 한 해가 되게 하소서. 미움을 줄이고, 사랑이 넘치는 한 해가 되게 하소서. 세상을 사랑하던 마음에 변화를 받아 주와 동행하는 한 해가 되게 하소서. 근심과 걱정에서 벗어나 이웃에게 위로와 희망의 메시지를 전하게 하소서.

주여, 새해에는 한국교회가 새 힘을 얻어 성장하여 민족복음화를 실현하게 하소서. 독버섯처럼 자라나 교회와 가정, 사회를 어지럽히던 이단 사이비 집단이 사라져 교회가 건강해지고, 사회가 속히 안정되어 하늘에는 영광, 땅에서는 모든 사람들에게 평화가 넘치게 하소서.

예수 그리스도의 이름으로 기도합니다. 아멘

───── ·◆· ·◆· ─────

온갖 좋은 은사와 온전한 선물이 다 위로부터 빛들의 아버지께로부터 내려오나니 그는 변함도 없으시고 회전하는 그림자도 없으시니라 (야고보서 1장 17절)

151 새해 첫 주일 아침의 기도

영원하신 주여, 새해 첫 주일 아침입니다. 올해도 주일마다 베풀어주실 은혜를 생각하며 감사와 찬송을 올려드립니다. 일상의 고되고 피곤한 일들에서 벗어나 쉬며, 영원하신 주의 세계를 찾게 하는 주일을 주셔서 감사합니다. 주일을 거룩한 날로 지키는 모든 이들이 날마다 새로워지고, 늘 놀라운 일들이 일어나 더욱 감사하게 하소서.

전능하신 주여, 새해에는 주의 권세 아래에서 살게 하소서. 제가 세속적인 것에 빠져서 주의 권위를 너무 가볍게 여기는 일이 없게 하소서. 먹을 것의 권세 아래 살다가 제 자신이 너무 초라해지고 삶이 허무해지지 않게 하소서. 정치적 권세 아래에서는 결국 힘의 논리에 따라 제 삶이 거짓과 위선으로 길들여지지 않게 하소서. 호화로운 옷과 소유, 상품들의 권세 아래 살다 주께서 본을 보이신 청빈을 잊어버리지 않게 하소서. 주여, 저를 불쌍히 여겨 자비를 베푸소서.

예수 그리스도의 이름으로 기도합니다. 아멘

할렐루야, 여호와를 경외하며 그의 계명을 크게 즐거워하는 자는 복이 있
도다 그의 후손이 땅에서 강성함이여 정직한 자들의 후손에게 복이 있으
리로다 부와 재물이 그의 집에 있음이여 그의 공의가 영구히 서 있으리로
다 정직한 자들에게는 흑암 중에 빛이 일어나나니 그는 자비롭고 긍휼이
많으며 의로운 이로다 은혜를 베풀며 꾸어 주는 자는 잘 되나니 그 일을
정의로 행하리로다 그는 영원히 흔들리지 아니함이여 의인은 영원히 기억
되리로다 (시편 112편 1절–6절)

152 주일 예배를 위한 기도(1)

신령과 진정으로 예배하는 자들을 찾으시는 주여, 오늘도 거룩하게 구별하신 곳에서 예배할 때 주의 영광이 온 예배당에 임하소서. 주님과 저 사이에 막혔던 모든 담이 무너지게 하시고, 사탄의 올무에 사로잡힌 영혼들이 놓임을 받게 되며, 이 땅의 모든 죄악이 떠나가는 역사가 일어나게 하소서.

자비로우신 주여, 제가 구원을 가져다주지 못할 헛된 권위를 좇거나 헛된 것을 등에 업고 살아가지 않게 하시고, 영원하시고 참된 권위이신 주를 따라 살게 하소서. 아무 것도 가지지 않으셨으나 누구보다도 넉넉하셨고, 큰 사랑을 베풀어 주셨던 주의 권세 아래에서 살아가게 하소서.

주여, 여호와의 전을 사모하지만 직장 일로 예배하는 자리에 나오지 못하는 사람들이 있습니다. 그들에게도 주의 은혜를 갑절로 주시고, 그들의 직장까지도 주를 예배하는 곳으로 변화되게 하소서.

살아 계신 예수님의 이름으로 기도합니다. 아멘

시몬 베드로가 대답하여 이르되 주는 그리스도시요 살아 계신 하나님의 아들이시니이다 (마태복음 16장 16절)

153 주일 예배를 위한 기도(2)

전능하시며 영원하신 주여, 오늘은 주께 영광을 돌리며, 주를 경외하는 날입니다. 주를 예배하는 모든 이들에게 은혜와 복을 주소서. 예배하는 자들에게 주의 구원을 확신하게 하시고, 구원받은 자로서 신령과 감사로 예배하게 하소서. 더불어 감사와 봉사, 충성을 다하는 예배가 되게 하소서.

구원의 복음을 듣게 하신 주여, 지난 엿새 동안 세상에 끌려 살면서 주를 소홀히 여기며 악한 생각과 행동으로 주 앞에 죄를 짓고, 사람 앞에 교만했던 것을 용서해 주소서. 교회를 찾아 예배하는 이들에게도 예배 중에 신령한 주의 말씀인 영의 양식을 풍성하게 섭취할 수 있도록 인도해 주소서.

예수 그리스도의 이름으로 기도합니다. 아멘

───◆───

사랑하는 자들아 우리가 서로 사랑하자 사랑은 하나님께 속한 것이니 사랑하는 자마다 하나님으로부터 나서 하나님을 알고 사랑하지 아니하는 자는 하나님을 알지 못하나니 이는 하나님은 사랑이심이라 하나님의 사랑이 우리에게 이렇게 나타난 바 되었으니 하나님이 자기의 독생자를 세상에 보내심은 그로 말미암아 우리를 살리려 하심이라 사랑은 여기 있으니 우리가 하나님을 사랑한 것이 아니요 하나님이 우리를 사랑하사 우리 죄를 속하기 위하여 화목 제물로 그 아들을 보내셨음이라 사랑하는 자들아 하나님이 이같이 우리를 사랑하셨은즉 우리도 서로 사랑하는 것이 마땅하도다 (요한1서 4장 7절~11절)

154 주일 예배를 위한 기도(3)

신실하신 주여, 주께서는 모든 것을 다 아시고, 모든 것을 가능케 하실 수 있으며, 어제나 오늘이나 변함이 없으신 분이십니다. 오늘은 일주일 중에서 거룩하게 구별해 주께 드리는 주의 날, 주일입니다. 이 땅의 모든 백성이 이 날을 구별해 주 앞에 겸손한 모습으로 나아가 주께서 받으시기에 합당할 만한 예배와 영광을 올리게 하소서.

하늘과 땅의 모든 권세를 가지시고 다스리는 주여, 주를 알지 못할 뿐 아니라 주를 영화롭게 하지도 못하며, 오히려 새긴 우상 앞에 절하며 주를 배반하는 백성들을 불쌍히 여기시고, 그들의 죄악을 용서해 주소서. 주의 나라가 이 땅에 속히 임하게 될 날을 간절히 바랍니다. 치유하시는 주의 손길이 이 땅에 임하여 주의 위로와 기쁨이 강같이 흐르게 하소서.

예수님의 이름으로 기도합니다. 아멘

━━━━◆━◆◆━━━━

네 하나님 여호와가 네게 명령한대로 안식일(安息日)을 지켜 거룩하게 하라 엿새 동안은 힘써 네 모든 일을 행할 것이나 일곱째 날은 네 하나님 여호와의 안식일인즉 너나 네 아들이나 네 딸이나 네 남종이나 네 여종이나 네 소나 네 나귀나 네 모든 가축이나 네 문 안에 유하는 객이라도 아무 일도 하지 못하게 하고 네 남종이나 네 여종에게 너 같이 안식하게 할지니라 (신명기 5장 12절-14절)

155 주일 예배를 위한 기도(4)

교회의 주인이신 주여, 거룩한 주의 날입니다. 주의 피로 값 주고 사신 이 땅의 교회 위에 진리의 빛을 비춰주시고, 빛과 소금인 저는 그 역할을 충실히 감당하게 하소서. 방방곡곡에서 드려지는 모든 예배가 주께서 기뻐하시는 예배가 되게 하시고, 예배를 통하여 모든 교회의 영성이 회복되게 하소서. 선포되는 말씀을 듣는 중에 주의 음성을 듣게 하시고, 주의 온전하시고, 기뻐하시는 뜻을 분별하게 하소서.

지혜의 근원이신 주여, 저에게 지혜로운 마음을 주셔서 주 앞에서 모든 일의 우선순위를 바르게 깨달아 알게 하시고, 항상 하나님 중심, 말씀 중심, 교회 중심으로 살게 하소서. 오늘도 주의 뜻 안에서 주께서 기뻐하시는 삶을 살게 하소서. 주의 날에 드려지는 예배로 인해 주께서 영광을 받으시고, 저희는 주의 자녀답게 살게 하소서.

예수님의 이름으로 기도합니다. 아멘

그러므로 오늘 여러분에게 증언하거니와 모든 사람의 피에 대하여 내가 깨끗하니 이는 내가 꺼리지 않고 하나님의 뜻을 다 여러분에게 전하였음이라 여러분은 자기를 위하여 또는 온 양 떼를 위하여 삼가라 성령이 그들 가운데 여러분을 감독자로 삼고 하나님이 자기 피로 사신 교회를 보살피게 하셨느니라 (사도행전 20장 26절-28절)

156 초신자를 위한 기도

주여, 예수를 구주로 믿어 구원 받기를 원하여 마음 가운데 예수를 영접한 초신자를 위해 기도합니다. 그에게 주의 은혜를 더하여 주셔서 옛사람을 벗어버리고, 그리스도로 인하여 새 사람을 입게 하소서. 세상 끝날까지 주께서 동행해 주시고, 어떠한 유혹이나 환난을 만나더라도 주를 굳게 믿어 의지하게 하소서. 믿음으로 승리하는 기쁨이 얼마나 큰지 체험하게 하소서. 그 귀한 믿음을 통하여 영원한 평화와 기쁨을 누리는 천국 백성이 되게 하소서.

주여, 그들의 가족도 예수 그리스도를 구주로 믿어 구원받는 믿음의 가정이 되게 하소서. 삭개오의 가정이 구원받은 것같이 믿음의 형제를 통하여 각 가정이 주를 믿는 신앙으로 구원을 얻게 하소서. 그들의 생명을 주관하시는 주께서 그 가정에 구원 받은 기쁨을 간직하게 하시며, 영원한 소망을 품게 하시는 주의 약속을 굳게 믿게 하소서.

예수 그리스도의 이름으로 기도합니다. 아멘

---···◆·◇···---

여호와는 네게 복을 주시고 너를 지키시기를 원하며 여호와는 그의 얼굴을 네게 비추사 은혜 베푸시기를 원하며 여호와는 그 얼굴을 네게로 향하여 드사 평강 주시기를 원하노라 할지니라 하라 (민수기 6장 24절-26절)

157   3·1절에 드리는 기도

주여, 우리 민족이 독립만세를 부르던 1919년 3월 1일을 생각합니다. 무력하고 나약한 이 나라가 이웃나라에 주권을 빼앗기는 설움을 당했던 것을 기억합니다. 그러나 우리 민족을 사랑하시는 주께서는 일제의 압제 하에서도 민족의 긍지를 잃지 않게 하시고, 총칼의 위협에 항거하며, 분연히 일어설 수 있도록 인도해 주신 것을 감사합니다.

주여, 일제의 포악한 침략과 잔인한 학대, 무자비한 착취를 잊을 수 없습니다. 이를 거울삼아 교훈하게 하시며, 국민이 당한 약탈과 멸망을 기억하게 하소서. 더욱 명심하여 회개하는 민족이 되게 하시며, 불의한 폭력과 타락한 양심으로 인하여 진리를 외면하고, 공의를 묵살하는 죄를 범하지 않게 하소서.

주여, 믿음의 선배들이 일제의 총칼 앞에서도 굴하지 않고 담대하게 맞설 수 있었던 것은 믿음과 용기 때문인 줄 압니다. 애굽의 학정 하에서 신음하던 이스라엘 백성을 구원하시기 위하여 사랑의 손길을 펼치신 것처럼 이 민족을 구원하시려는 주의 손길을 기억합니다. 민족구원 역사에 믿음의 선진들이 동참하여 보여준 뜨거운 믿음을 본받을 수 있게 하소서. 주의 몸된 교회를 지키기 위하여 피를 흘려 순교한 신앙인들을 본받아 저도 믿음 위에 굳게 서게 하소서.

예수 그리스도의 이름으로 기도합니다. 아멘

————◆————

만일 여호와를 섬기는 것이 너희에게 좋지 않게 보이거든 너희 조상들
이 강 저쪽에서 섬기던 신들이든지 또는 너희가 거주하는 땅에 있는 아
모리 족속의 신들이든지 너희가 섬길 자를 오늘 택하라 오직 나와 내
집은 여호와를 섬기겠노라 하니 (여호수아 24장 15절)

158 민족의 명절에 드리는 기도

주여, 우리 민족의 대명절인 한가위 추석이 다가옵니다. 수많은 동포들이 고향을 찾아 대이동할 때 저들의 출입을 지켜주시고, 모든 교통편을 친히 주장해 주소서. 즐거운 귀향길에 임마누엘의 주께서 동행해 주소서. 골육지친을 만나고 헤어짐이 주 안에서 이뤄지고, 기쁨과 평강의 모임이 되게 하소서. 저의 생각과 말, 행동을 주께서 주장해 주시고, 감동감화를 주고받게 하소서. 어디서 누구를 만나더라도 그리스도의 향기를 풍기게 하시고, 그리스도인답게 행동하게 하소서. 아직도 주를 모르는 가족 친지들이 그리스도를 믿어 구원 받아 살게 하소서.

5천 년 유구한 우리 민족사와 함께 하신 주여, 날이 가고, 달이 바뀌고, 햇수가 더해짐에 따라 더 새롭고, 더 알차고, 더 성숙한 나라와 민족이 되게 인도해 주소서. 삼천리 반도 금수강산에서 전쟁의 기운을 걷어내고 평화로운 나라가 되게 하소서. 이 땅을 긍휼히 여기시고, 주가 정한 때에 피 흘림 없는 통일을 허락해 주소서. 통일된 민족의 모든 백성들이 고유의 명절을 맞아 함께 즐기며, 감사하는 축제가 될 날을 속히 허락해 주소서.

주 예수 그리스도의 이름으로 기도합니다. 아멘

눈물을 흘리며 씨를 뿌리는 자는 기쁨으로 거두리로다 울며 씨를 뿌리러 나가는 자는 반드시 기쁨으로 그 곡식 단을 가지고 돌아오리로다 (시편 126편 5절-6절)

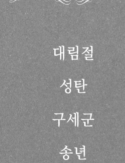

대림절

성탄

구세군

송년

159 대림절에 드리는 기도(1)

공허하고 혼돈된 세상을 빛으로 밝히셔서 어두움을 물리치시고, 새 생명으로 충만한 세상을 만드신 창조주여, 대림절을 맞아 구세주로 오시는 주님을 따뜻한 마음으로 모실 수 있기를 원합니다. 육신만을 위하여 분주했던 마음은 강퍅해졌으며, 제 마음에는 물질의 욕심과 가시적 영광이 채워져 주님을 모실만한 공간을 준비하지 못한 죄가 있습니다. 용서해 주소서. 주는 가난한 마음, 상처 받은 마음, 병 든 자의 마음에도 오시고, 부요하고 넉넉한 마음에도 구세주로 오시는 분이심을 믿습니다. 오실 주님을 위하여 빈 마음이 되게 하시고, 오신 주님이 안주하실 수 있는 포근한 마음을 드릴 수 있기를 원합니다.

사람을 구원하시기 위하여 사람의 아들로 오신 주여, 제 마음이 주를 맞이하기에 합당한 마구간이 되게 하시고, 깨끗한 자리를 펴서 주께 드릴 수 있게 하소서. 주가 제 속에 오시고, 저는 주와 더불어 먹고 마시며 일하고, 자고 깨어나게 하소서. 제 삶이 구세주로 오시는 주를 언제 어디서나 맞이할 수 있는 안방이 되게 하소서. 주께서 저를 필요로 하실 때 주저하지 않고 좋은 자리를 내어 드릴 수 있게 하소서.

예수 그리스도의 이름으로 기도합니다. 아멘

선지자 이사야의 책에 쓴 바 광야에서 외치는 자의 소리가 있어 이르되 너
희는 주의 길을 준비하라 그의 오실 길을 곧게 하라 모든 골짜기가 메워지
고 모든 산과 작은 산이 낮아지고 굽은 것이 곧아지고 험한 길이 평탄하여
질 것이요 모든 육체가 하나님의 구원하심을 보리라 함과 같으니라 (누가
복음 3장 4절–6절)

160 대림절에 드리는 기도(2)

평화의 왕으로 오시는 주여, 땅에서 얻는 평안과는 다른 하늘의 평안을 저에게 주셨건만 저는 불만과 갈등으로 인해 주께서 주신 평안을 누리지 못한 죄를 용서해 주소서. 화평케 하는 자가 복이 있다고 가르쳐 주셨으나 도리어 다툼으로 세상을 어지럽힌 죄를 용서해 주소서.

저의 소망이 되시는 주여, 다가오는 성탄절에 저의 마음과 가정, 교회가 평화의 왕으로 오시는 주를 모셔서 이 세상을 평화의 물결로 넘치게 하소서. 소외된 이웃들을 사랑의 이부자리로 덮어주어 따뜻한 겨울을 날 수 있게 하소서. 사랑이 메마른 세상이 주의 사랑으로 넘치게 하시고, 새해에는 그리스도 안에서 새 희망으로 충만케 하셔서 평화의 왕으로 오시는 주를 더욱 영화롭게 하기를 원합니다.

예수 그리스도의 이름으로 기도합니다. 아멘

원하건대 주는 하늘을 가르고 강림하시고 주 앞에서 산들이 진동하기를 불이 섶을 사르며 불이 물을 끓임 같게 하사 주의 원수들이 주의 이름을 알게 하시며 이방 나라들로 주 앞에서 떨게 하옵소서 주께서 강림하사 우리가 생각하지 못한 두려운 일을 행하시던 그 때에 산들이 주 앞에서 진동하였사오니 주 외에는 자기를 앙망하는 자를 위하여 이런 일을 행한 신을 옛부터 들은 자도 없고 귀로 들은 자도 없고 눈으로 본 자도 없었나이다 (이사야 64장 1절-4절)

161 대림절에 드리는 기도(3)

주여, 이 땅에 속히 오소서. 가난한 자의 초라한 오막살이와 차가운 새벽에 빗자루를 들고 거리를 청소하는 이의 생활에도 오시는 주여, 모든 터전이 부요하신 주를, 따뜻한 친구가 되시는 주를 맞이하기에 합당한 곳이 되게 하소서. 미움과 원수 맺음, 원망과 시비가 많은 분단조국에 오셔서 화해와 일치, 공존번영의 복을 허락해 주소서.

사랑의 주여, 어떤 은사보다도 사랑이 제일임을 알고 있으면서도 주 안에서 온전한 사랑을 이루지 못한 것을 용서해 주소서. 이제는 굶주린 이웃과 외로운 이웃들의 진정한 친구가 되어 주의 사랑을 나눌 수 있는 사람이 되게 하소서. 잠깐 머물다 사라지는 것에 소망을 두지 않게 하시고, 주님만이 인류의 영원한 소망임을 만민이 알게 하소서.

예수 그리스도의 이름으로 기도합니다. 아멘

------◆◆◆------

우리가 세상에 아무 것도 가지고 온 것이 없으매 또한 아무 것도 가지고 가지 못하리니 우리가 먹을 것과 입을 것이 있은즉 족한 줄로 알 것이니라
(디모데전서 6장 7절-8절)

162 성탄절기의 기도(1)

영광스러운 하늘 보좌 대신 작은 고을 베들레헴 마구간으로 오신 주여, 죄인을 구원하시려고 사람의 옷을 입고 오신 임마누엘 주께 영광과 찬양, 경배를 드립니다. 주 없는 세상은 암흑이요 사망이며, 믿음 없는 곳은 절망이요 낙심뿐입니다. 아직도 주를 그리스도로 고백하지 못한 자들에게 찾아가셔서 주를 영접하는 성탄절이 되게 하소서.

평화의 왕이시여, 미움과 다툼, 시기, 질투가 가득한 이 땅이 사랑과 용서, 평화가 가득한 곳이 되게 하소서. 갈라진 남북이 하나가 되어 주를 섬기는 나라와 민족이 되게 하소서. 우리 민족이 가난했던 지난날을 기억하게 하시고, 주린 자를 먹이고, 벗은 자를 입히는 일에 아낌없이 나누게 하소서. 주는 자가 복된 것을 깨달아 알게 하셔서 성탄의 참 뜻과 기쁨을 누리게 하소서.

예수 그리스도의 이름으로 기도합니다. 아멘

그 지역에 목자들이 밤에 밖에서 자기 양 떼를 지키더니 주의 사자가 곁에
서고 주의 영광이 그들을 두루 비추매 크게 무서워하는지라 천사가 이르되
무서워하지 말라 보라 내가 온 백성에게 미칠 큰 기쁨의 좋은 소식을 너희에
게 전하노라 오늘 다윗의 동네에 너희를 위하여 구주가 나셨으니 곧 그리스
도 주시니라 너희가 가서 강보에 싸여 구유에 뉘어 있는 아기를 보리니 이것
이 너희에게 표적이니라 하더니 홀연히 수많은 천군이 그 천사들과 함께 하
나님을 찬송하여 이르되 지극히 높은 곳에서는 하나님께 영광이요 땅에서는
하나님이 기뻐하신 사람들 중에 평화로다 하니라 (누가복음 2장 8절–14절)

163 성탄절기의 기도(2)

주여, 주께서 이 땅에 강림하신 성탄일이 다가오고 있습니다. 교회들은 성탄절 장식등을 환하게 밝히고, 구세군은 거리에서 자선냄비를 걸고 종소리를 울립니다. 도시의 큰 빌딩과 백화점 앞 가로수들까지도 성탄절 장식을 달고, 휘황찬란한 빛을 뿜어내고 있습니다. 어린이와 청소년들의 입을 통하여 교회에서 불리던 캐롤은 노래방과 술집에서까지 민망스럽게, 더욱 요란하게 울려 퍼지고 있습니다.

주여, 이렇듯 성탄의 참된 의미는 점점 축소되고 상업주의와 물질주의에 물든 세속적인 날이 되어가고 있습니다. 호텔과 백화점의 축제가 되고, 향락과 소비의 날이 되었습니다. 교회마저 세속문화에 물들어 가고 있습니다.

주여, 다만 간절히 기도드리는 것은 제가 성령으로 거듭난 자가 되어 성령으로 잉태하시고 탄생하신 주를 알아보게 하소서. 제가 성령의 새 술에 취한 자들이 되어 신령한 노래와 찬양으로 영광을 돌리게 하소서.

구주 예수님의 이름으로 기도합니다. 아멘

------◆------

그는 몸인 교회의 머리시라 그가 근본이시요오 죽은 자들 가운데서 먼저 나신 이시니 이는 친히 만물의 으뜸이 되려 하심이요 (골로새서 1장 18절)

164 성탄절기의 기도(3)

주여, 흑암의 땅이던 한반도에서 주 오신 성탄절을 기념한 지도 130년이 넘었습니다. 지극히 작은 무리들과 지극히 힘없는 사람들에 의해 시작된 이날이 지금은 5천만 국민이 다 같이 누리는 국가공휴일이 된 것을 감사합니다.

주여, 성탄절기에 교회들이 영적인 잠에서 깨어나게 하소서. 안일과 무관심, 무감동에서 깨어나게 하소서. 주 오실 때 자신의 몸을 드린 마리아같이, 주 낳기까지 지켜보며 성탄의 증인이 되어 넓은 마음을 가진 다윗의 후손 요셉과 같이, 황금과 유향, 몰약을 드린 동방박사들 같이, 밤을 지키는 목자들이 아기 예수를 경배함 같이 저도 주를 높이 경배할 수 있도록 첫 번째 성탄의 마음을 주소서. 부자의 방보다 가난한 마구간 구유가 되어 주를 만나게 하소서.

구주 예수님의 이름으로 기도합니다. 아멘

--- ◆ ---

박사들이 왕의 말을 듣고 갈새 동방에서 보던 그 별이 문득 앞서 인도하여 가다가 아기 있는 곳 위에 머물러 서 있는지라 그들이 별을 보고 매우 크게 기뻐하고 기뻐하더라 (마태복음 2장 9절–10절)

165 성탄절기의 기도(4)

주여, 저에게 다시 한 번 성탄의 계절을 주시니 감사합니다. 그러나 저는 주의 탄생을 위한 빈 방을 마련하지 못했습니다. 마음 가운데 아직 주를 맞이할 준비가 되어 있지 못합니다.

고요한 밤, 거룩한 밤에 오신 주여, 제 마음이 고요하지도, 거룩하지도 못합니다. 메시아가 오신다는 희망보다는 제 마음에는 근심과 염려로 가득 차 말구유만도 못한 상태입니다. 고요하신 중에 오신 주를 맞이하기에는 제 마음이 너무 소란하고, 들떠 있습니다. 저는 거룩하신 주의 탄생에 걸맞지 않게 말씀을 떠나 살고 있습니다.

어두운 밤과 같은 세상에 빛으로 오신 주여, 주 앞에 나아가 빛의 자녀가 되기를 원합니다. 미움과 다툼으로 얼룩진 세상에 사랑과 평화의 왕으로 오신 주여, 주를 닮아가며, 사랑을 실천하며, 평화를 선포하기를 원합니다. 높고 높은 보좌를 버리고, 낮고 천한 인간으로 오신 주여, 저도 낮아지는 훈련을 계속하며, 버리고 비우는 연습을 게을리 하지 않게 하소서. 주가 이 땅에 오신 참 뜻을 깨닫는 계절이 되게 하시고, 그 뜻을 실천하는 성탄절이 되게 하소서.

구주 예수님의 이름으로 기도합니다. 아멘

———◆———

홀연히 수많은 천군이 그 천사들과 함께 하나님을 찬송하여 이르되 지극
히 높은 곳에서는 하나님께 영광이요 땅에서는 하나님이 기뻐하신 사람들
중에 평화로다 하니라 (누가복음 2장 13절-14절)

166 성탄절기의 기도(5)

2천여 년 전 이 땅에 오셔서 어두운 곳을 밝혀주시고, 질병과 상처를 싸매 주시고, 낙심한 자에게 산소망을 주신 주여, 가난하고 소외된 이웃, 억압당하고 고난당하는 이웃들에게 찾아가 참소망이 되어 주소서. 우상을 숭배하는 어리석은 자들이 회개하며 주께로 돌아올 때 진정한 그리스도의 참 평안을 맛보게 하소서.

주여, 죄인들을 구원하시러 오신 주께서 어찌 창기와 탕자들이 있는 곳인들 피하겠습니까. 세리를 구원하여 사도로 삼으신 주께서 어찌 상인들의 가게를 지나치겠습니까. 주께서 친히 인간을 구원하러 오시는 날, 인류 최대의 축제일인데 어찌 누가 잠잠할 자 있겠습니까. 돌들로라도 소리쳐 찬양하게 하실 줄 압니다. 저희는 다만 기뻐 춤추며, 감사와 찬양을 올려드릴 수밖에 없습니다. 할렐루야!

예수 그리스도의 이름으로 기도합니다. 아멘

이미 감람 산 내리막길에 가까이 오시매 제자의 온 무리가 자기들이 본 바
모든 능한 일로 인하여 기뻐하며 큰 소리로 하나님을 찬양하여 이르되 찬
송하리로다 주의 이름으로 오시는 왕이여 하늘에는 평화요 가장 높은 곳
에는 영광이로다 하니 무리 중 어떤 바리새인들이 말하되 선생이여 당신
의 제자들을 책망하소서 하거늘 대답하여 이르시되 내가 너희에게 말하노
니 만일 이 사람들이 침묵하면 돌들이 소리 지르리라 하시니라 (누가복음
19장 37절~40절)

167 성탄절을 보내는 기도

주여, 사랑하는 독생자를 세상에 보내주셔서 저를 구원하시려는 주의 큰 뜻을 마음 깊이 새긴 성탄절을 보냈습니다. 아름답게 꾸미고 단장했던 성탄 장식품들, 어두운 밤을 찬란하게 빛냈던 불빛들을 이제 거두어들일 때입니다. 그러나 주의 오심을 기리며 여러 가지 행사를 준비했던 열심 있던 마음만은 거두어들이지 않게 하소서. 외로운 이웃에게 내밀었던 손길, 조그마한 사랑이라도 베풀었던 아름다운 마음들도 거두어들이지 않게 하소서.

주여, 성탄의 기쁨을 마음속 깊이 간직하여 제 삶이 기쁨으로 충만하게 하소서. 이 기쁨이 저에게만 머무르지 않게 하시고, 이웃에게 흘러가게 하셔서 저로 말미암아 온 세상이 기쁨으로 가득 차게 하소서.

그리스도이신 예수님의 이름으로 기도합니다. 아멘

━━━◆◆◆━━━

원수를 갚지 말며 동포를 원망하지 말며 이웃 사랑하기를 네 자신과 같이
사랑하라 나는 여호와이니라 (레위기 19장 18절)

168 구세군 자선냄비 사역을 위한 기도

인간의 몸으로 이 땅에 오신 주여, 성탄절기에 구세군의 자선냄비 종소리가 울립니다. 따뜻한 사랑을 모으기 위해 울리는 자선냄비 종소리에 사람의 마음이 끌리게 하시고, 저들의 손길을 통해 작은 정성이 모아지게 하소서. 휘황찬란한 불빛에 제 눈과 마음을 빼앗기지 않게 하시고, 빛에 감춰져 보이지 않는 가난한 자와 연약한 자들을 기억하게 하소서. 가난한 자들에게 희망과 용기를 주고, 이 땅에 오신 주의 위대하신 뜻이 저들에게도 임하게 하소서.

사랑과 평화의 왕으로 오신 주여, 저는 때때로 돕는 마음의 참다운 의미를 잃어버리고, 마음이 강퍅할 때도 있습니다. 제 마음이 어려운 이웃에게 열려 있게 하셔서 구세군 자선냄비 사역으로 인해 따스한 온기가 사회 구석구석에 전해지게 하소서. 수고하는 자원봉사자들에게도 주의 성령이 동행해 주셔서 성금과 함께 사랑도 가득 차게 도우소서.

주 예수 그리스도의 이름으로 기도합니다. 아멘

———·•·———

참 빛 곧 세상에 와서 각 사람에게 비추는 빛이 있었나니 그가 세상에 계셨으며 세상은 그로 말미암아 지은 바 되었으되 세상이 그를 알지 못하였고 자기 땅에 오매 자기 백성이 영접하지 아니하였으나 영접하는 자 곧 그 이름을 믿는 자들에게는 하나님의 자녀가 되는 권세를 주셨으니 이는 혈통으로나 육정으로나 사람의 뜻으로 나지 아니하고 오직 하나님께로부터 난 자들이니라 말씀이 육신이 되어 우리 가운데 거하시매 우리가 그의 영광을 보니 아버지의 독생자의 영광이요 은혜와 진리가 충만하더라 (요한복음 1장 9절–14절)

169 연말에 드리는 기도(1)

지난 한 해를 인도하신 에벤에셀의 주여, 새해 아침에 주 앞에서 다짐했던 일을 떠올립니다. 주가 원하시는 일만 하겠다고, 세속과 타협하지 않고 구별된 자로서 순결하게 살겠다고, 썩어져 가는 세상에서 소금으로 살겠다고, 주의 뜻에 순종하겠다고 다짐했지만 한 해를 정리하는 지금, 주께 송구스러울 뿐입니다.

처음이요 나중이신 주여, 주의 뜻 대신 저의 주장과 뜻을 좇아 살았고, 믿음의 옷은 세속의 때로 얼룩이 졌습니다. 영혼구원의 열정은 식어 하나님 나라를 확장하지도 못한 채 세상의 일로 바빴습니다. 죄와 허물로 가득한 모습으로 기도하는 저를 긍휼히 여겨 주시고 용서해 주소서.

허점투성이인 저에게 변함없는 사랑으로 자비를 베푸시는 주여, 상처가 있는 곳에 치유를, 불화가 있는 곳에 화목을, 미움이 있는 곳에 사랑을 주소서. 온전하게 충성하지 못한 지난 시간을 회개하며 기도합니다. 다가오는 새해에는 성령께서 강권적으로 변화시켜 주셔서 새로운 다짐의 기도가 허공을 치는 메아리가 되지 않게 지켜 주소서.

예수 그리스도의 이름으로 기도합니다. 아멘

───◦◆◦───

일어나라 빛을 발하라 이는 네 빛이 이르렀고 여호와의 영광이 네 위에
임하였음이니라 보라 어둠이 땅을 덮을 것이며 캄캄함이 만민을 가리려
니와 오직 여호와께서 네 위에 임하실 것이며 그의 영광이 네 위에 나
타나리니 나라들은 네 빛으로, 왕들은 비치는 네 광명으로 나아오리라
(이사야 60장 1절-3절)

170 연말에 드리는 기도(2)

임마누엘의 주여, 한 해를 뒤돌아보며 주의 은혜에 감사합니다. 걸음마다, 일마다, 때마다 함께 하신 주의 인도하심에 감사합니다. 상한 갈대를 꺾지 않으시고 꺼져가는 심지와 같은 상한 심령을 마저 끄지 않으시고 지켜주신 한 해였습니다. 해마다 겪던 태풍의 피해와 사건 사고의 대형 참사도 없이 풍년을 이루고 평온한 한 해를 보냈습니다. 핵 전쟁의 위기감을 떨쳐내고 남과 북이 평화공존과 민족번영을 모색하는 해이기도 했습니다. 일부 지방의 수해로 인해 어려움을 당한 이웃을 위하여 온 국민이 한마음으로 돕게 하시며, 재난을 이겨낼 수 있어서 감사합니다.

주여, 어려운 경제상황 속에서도 좌절하지 않고 땀 흘려 일한 산업전사들과 노동자들, 타국에 파송된 상사 주재원과 공직에 충실한 공무원들, 교육발전을 위하여 수고한 교직자들과 열악한 환경에서도 땅을 일군 농민들, 새벽녘에 빗자루를 들고 청소한 미화원들과 가정살림을 알뜰히 해온 전업주부들에 이르기까지 은혜를 베풀어 주서서 감사합니다.

주여, 그러나 여전히 어려운 자리에서 소외되고, 고통 중에 신음하는 이웃들에게 자비를 베풀어 위로와 치유가 있게 하소서. 제야의 종소리가 울릴 때 어둠과 악귀, 불의와 질병, 시기와 분쟁도 다 물러가고 평화의 새날이 밝아오게 하소서.

알파와 오메가이신 예수님의 이름으로 기도합니다. 아멘

———— ◆ ————

나는 알파와 오메가요 처음과 마지막이요 시작과 마침이라 (요한계시록 22장 13절)

그런즉 누구든지 그리스도 안에 있으면 새로운 피조물이라 이전 것은 지나갔으니 보라 새 것이 되었도다 (고린도후서 5장 17절)

새벽

아침

새로움

창조

171 아침에 주께 구하는 기도(1)

풍성한 사랑과 크신 능력으로 새 아침을 열어주신 주여, 주의 말씀이 능력이 되어 오늘 하루 제 마음을 주장해 주소서. 진리를 행하게 하시고, 믿음으로 승리하게 하소서.

모든 것을 부요케 하시는 주여, 제 중심에 오셔서 기도와 찬송을 받으소서. 제 입술과 영혼이 온전히 주님을 찬양할 수 있도록 믿음으로 충만케 하소서. 힘들고 외로울 때 주 앞에 무릎 꿇게 하시고, 제 영혼이 주님을 찬양하게 도우소서. 아버지 하나님을 닮은 자녀로서 백합화보다 더 아름답게 주를 사랑하고, 공중의 새들보다 주를 더 찬양할 수 있게 하소서.

저의 기도를 들으시는 주여, 감당하기 힘든 시험 중에도 제 영혼이 주께 기도하며, 은혜를 사모하게 하소서. 병상에서 고통으로 밤을 지새울지라도 기도와 찬양으로 아침을 열게 하시고, 그 기도를 들으신 주께서 건강도 주소서. 사랑하는 사람을 통하여 상처를 입을지라도 주께 기도와 찬양을 드려 위로 받게 하시고, 오히려 이웃의 아픔을 함께 나누는 사랑의 사도가 되게 하소서. 오늘도 삶의 현장에서 감사함으로 기도하게 하시고, 주의 거룩하신 뜻을 이루며, 보람된 일꾼으로 살아가게 도와주소서.

예수 그리스도의 이름으로 기도합니다. 아멘

그러므로 염려하여 이르기를 무엇을 먹을까 무엇을 마실까 무엇을 입을까 하지 말라 이는 다 이방인들이 구하는 것이라 너희 하늘 아버지께서 이 모든 것이 너희에게 있어야 할 줄을 아시느니라 그런즉 너희는 먼저 그의 나라와 그의 의를 구하라 그리하면 이 모든 것을 너희에게 더하시리라 그러므로 내일 일을 위하여 염려하지 말라 내일 일은 내일이 염려할 것이요 한 날의 괴로움은 그 날로 족하니라 (마태복음 6장 31절–34절)

172 아침에 주께 구하는 기도(2)

새 날을 주신 주여, 지난 밤 무거운 마음의 짐 때문에 단잠을 이루지 못한 채 아침을 맞이한 저들을 위로해 주소서. 몸이 아파 뒤척이다가 밤을 지새운 환자들에게 새 힘을 주소서. 일터에서 야근한 노동자들과 새벽공기를 가르며 일하는 환경미화원, 새벽 미명에 일터를 향해 발걸음을 재촉하는 직장인 등 노동하는 모든 이들을 주의 사랑으로 감싸주소서. 그들도 주와 동행하는 기쁨을 누리는 날이 되게 하소서.

주여, 오늘도 허탄한 거짓말을 저에게서 멀리 하게 하시고, 제가 진리 편에 서게 하소서. 거짓이 진실을, 불의가 공의를 무색하게 하는 세태 속에서도 저는 진실하게, 정의롭게 살아가게 하소서. 옛 선지자 에녹같이 주와 동행하며, 주 앞에 의로우며, 주께 인정을 받는 사람이 되게 하소서. 주께서 저를 주관하시며, 동행해 주소서.

예수 그리스도의 이름으로 기도합니다. 아멘

───◆───

에녹이 하나님과 동행하더니 하나님이 그를 데려가시므로 세상에 있지 아니 하였더라 (창세기 5장 24절)

173 아침에 주께 구하는 기도(3)

주여, 오늘도 어디서 무슨 일이 일어날지 저희는 알지 못합니다. 주께서 선한 길로, 안전한 길로 인도해 주소서. 저의 생각과 임의대로 하다가는 넘어지고 실패할 뿐입니다. 제 마음을 주관하셔서 어디서 무슨 일을 하더라도 주의 교훈을 따라 겸손하며, 긍휼을 베풀며, 정의롭고 선한 일을 도모하게 하소서.

주여, 우리 민족의 앞날을 선한 계획으로 인도해 주소서. 남북의 관계가 예측할 수 없는 대립의 길로 치닫지 않게 도우시고, 주를 경외함이 지혜의 근본이니 지도자들에게 이 곤경을 헤쳐 나갈 지혜를 주소서. 주의 몸된 교회를 섬기는 모든 이들에게 더 큰 은혜를 주셔서 어려운 때일수록 강단 앞에 엎드려 나라와 민족을 위해 기도하게 하소서.

예수 그리스도의 이름으로 기도합니다. 아멘

사람아 주께서 선한 것이 무엇임을 네게 보이셨나니 여호와께서 네게 구하시는 것은 오직 정의를 행하며 인자를 사랑하며 겸손하게 네 하나님과 함께 행하는 것이 아니냐 (미가 6장 8절)

174 아침에 주께 구하는 기도(4)

주여, 새 날을 주시고 건강하게 하루를 시작한 것을 감사합니다. 지난 밤 병석에서 신음하며 고통스럽게 지새운 환자와 간병인들, 번민에 쌓여 마음고생으로 고민하는 이들에게도 새아침의 희망과 기쁨을 누릴 수 있도록 치료해 주소서.

주여, 오늘 하루도 주의 뜻을 좇아 살기를 원합니다. 제 삶을 보시는 주께서 기뻐하실 만한 일을 하게 하시고, 일할 때마다 저도 기쁨으로 충만하게 하소서. 주의 성령으로 감동 받은 제가 주의 법을 바르게 깨달아 알게 하소서.

주여, 모세가 기도한 것처럼 아침에 주의 인자하심이 저를 만족하게 하여 일생동안 즐겁고 기쁘게 하소서. 주의 사랑으로 인하여 가장 만족스러운 하루가 되게 하시고, 주를 섬기는 날이 일생동안에 가장 즐겁고 기쁜 날인 것을 알게 하소서. 주의 성령이여, 동행하여 주소서.

예수 그리스도의 이름으로 기도합니다. 아멘

------◆------

그리하시면 내가 주의 찬송을 다 전할 것이요 딸 시온의 문에서 주의 구원을 기뻐하리이다 (시편 9편 14절)

175 아침에 주께 구하는 기도(5)

주여, 지난밤에 기도로 하루의 문을 닫고, 이 아침에 다시 일어나 기도로 하루의 문을 열게 해주셔서 감사합니다. 1년 12개월 365일이 다 중요하지만 오늘 하루는 더 의미 있는 날이 되게 하시고, 제 입술의 모든 말과 묵상이 주께 집중하게 해주소서.

주여, 오늘 하루 저의 첫 생각이 주님이 되게 하시며, 제 입술의 첫 한마디 말이 주의 크신 이름을 찬양하게 하시고, 첫 행동이 주의 영광을 드러내게 하셔서 오늘 밤 잠자리에 다시 눕기 전 부끄럼 없이 주 앞에 서게 하소서.

주여, 좀더 자자, 좀더 졸자, 좀더 눕자고 하면 빈궁이 강도같이, 곤핍이 군사같이 이를 줄 알고, 사망의 잠에서 깨어나게 하소서. 주와 더불어 하루를 거룩하게 살기로 다짐했지만 밤이 되면 여전히 죄로 더러워져 있는 저를 보게 됩니다. 오늘 하루 제가 하는 일이 저의 유익만을 따지지 않게 하시고, 이웃과 교회, 사회를 유익하게 하는 존재로 살게 하소서.

예수 그리스도의 이름으로 기도합니다. 아멘

———— ◆ ————

좀더 자자, 좀더 졸자, 손을 모으고 좀더 누워 있자 하면 네 빈궁이 강도 같이 오며 네 곤핍이 군사 같이 이르리라 (잠언 6장 10절-11절)

176 아침에 주께 구하는 기도(6)

사랑과 은혜가 풍성하신 주여, 오늘도 새날을 주셔서 기쁨으로 하루를 시작하게 하시니 감사합니다. 지난 밤 피곤한 몸을 쉬게 하시고, 새날 아침에 생명과 호흡, 건강을 주신 것을 감사합니다. 제 삶을 사랑으로 돌보아 승리의 길로 인도하신 주여, 오늘 하루도 주님의 귀한 말씀에 따라 살아갈 수 있도록 성령 충만함을 주소서. 제게 건강과 물질의 풍성함도 주셨으니 주의 뜻대로 선하게 사용함으로써 주께 영광을 돌리고, 세상에서는 빛과 소금이 되게 인도하소서.

간밤에도 저의 생명을 지켜 주신 주여, 어둠을 뚫고 힘차게 솟아오르는 태양이 이 땅을 새롭게 비추는 것처럼 주의 은총이 온 땅에 가득하게 되기를 원합니다. 이 땅의 모든 것들을 주관하시는 주께서 오늘도 주의 성령으로 제 마음을 다스려 주소서. 저에게서 무슨 일이 일어날지 알지 못해 초조와 긴장으로 살아가는 불안한 마음을 제거해 주시고, 온종일 주를 찬양하게 하소서.

예수님의 이름으로 기도합니다. 아멘

마리아가 이르되 내 영혼이 주를 찬양하며 내 마음이 하나님 내 구주를 기뻐하였음은 그의 여종의 비천함을 돌보셨음이라 보라 이제 후로는 만세에 나를 복이 있다 일컬으리로다 (누가복음 1장 46절-48절)

177 아침에 주께 구하는 기도(7)

저희를 깊은 잠에서 깨우시고, 이 세상을 깊은 어둠 속에서 깨우시는 창조주여, 햇살을 받아 창조의 신비를 노래하는 저 꽃들의 찬양을 받으소서. 주께서 예비하신 먹이를 찾아 새벽하늘을 누비는 저 새들의 찬양을 받으소서. 주의 은총에 감사하는 마음을 가득히 담아 신실한 기도를 주께 바치는 저들의 기도에 응답하소서.

감사와 찬송을 세세에 받으시기에 합당하신 주여, 또 한 날의 생명을 연장해 주셔서 감사합니다. 주께서는 여호와를 앙망하는 자에게 은혜를 주시고, 새 힘을 공급해 주시는 분인 줄 믿습니다. 오늘도 독수리가 날개를 치며 솟아오를 수 있는 새 힘을 저희에게도 허락해 주시고, 더욱 높이 솟아오르는 복된 날이 되게 하소서.

예수님의 이름으로 기도합니다. 아멘

———— ·◆· ————

오직 여호와를 앙망하는 자는 새 힘을 얻으리니 독수리가 날개치며 올라 감 같을 것이요 달음박질하여도 곤비하지 아니하겠고 걸어가도 피곤하지 아니하리로다 (이사야 40장 31절)

기도 제목 찾아보기

257

기도수첩

눈물로 쓴 기도는
땅에 떨어지지 않는다

발 행 일   2019년 07월 25일 초판 1쇄

지 은 이   박옥배
발 행 인   한용길
편 집 인   김호정

펴 낸 곳   CBS북스
주   소   서울시 양천구 목동서로 159-1

제   작   북킴스
주   소   서울시 양천구 목동동로 293 현대41타워 2211호

등   록   제2018-000053호
e-mail   42km@naver.com
전   화   070-7576-3310
팩   스   070-7543-3303

출판문의   김호정 010-8098-0000
북디자인   김동아 dear.dongah@gmail.com
서점유통   비전북 031-907-3927
마 케 팅   정진현

I S B N   979-11-967406-0-3
C I P   2019025889

CBS북스는 CBS의 출판브랜드입니다.
북킴스는 김호정마케팅자문의 출판브랜드입니다.